高等职业教育汽车运用与维修技术专业教材

汽车动力系统检修

江炳洲 主 编
张 骧 陈 鹏 彭 华 邹兴勇 副主编

人民交通出版社股份有限公司
China Communications Press Co.,Ltd.

内 容 提 要

本书为高等职业教育汽车运用与维修技术专业教材之一,主要内容包括发动机结构特点认知、发动机的拆卸与装配、发动机的检修、发动机正时皮带检查与更换、变速传力总成结构特点认知、变速传力总成的拆卸与装配、变速传力总成传力部件检修、变速传力总成变速机构检修、转向系统检修、悬架系统检修、行驶系统检修、制动系统检修。

本书可作为高等职业院校汽车运用与维修技术专业教材,也可供汽车维修人员及相关技术人员参考使用。

图书在版编目(CIP)数据

汽车动力系统检修 / 江炳洲主编. —北京：人民交通出版社股份有限公司, 2019.9
ISBN 978-7-114-15768-4

Ⅰ.①汽… Ⅱ.①江… Ⅲ.①汽车—动力系统—检修 Ⅳ.①U463.2

中国版本图书馆 CIP 数据核字(2019)第 173360 号

书　　　名：	汽车动力系统检修
著 作 者：	江炳洲
责任编辑：	郭　跃
责任校对：	赵媛媛
责任印制：	张　凯
出版发行：	人民交通出版社股份有限公司
地　　　址：	(100011)北京市朝阳区安定门外外馆斜街 3 号
网　　　址：	http://www.ccpress.com.cn
销售电话：	(010)59757973
总 经 销：	人民交通出版社股份有限公司发行部
经　　　销：	各地新华书店
印　　　刷：	北京市密东印刷有限公司
开　　　本：	787×1092　1/16
印　　　张：	12.75
字　　　数：	293 千
版　　　次：	2019 年 9 月　第 1 版
印　　　次：	2019 年 9 月　第 1 次印刷
书　　　号：	ISBN 978-7-114-15768-4
定　　　价：	33.00 元

(有印刷、装订质量问题的图书由本公司负责调换)

前言 FOREWORD

高等职业教育是现代国民教育体系的重要组成部分,在实施科教兴国战略和人才强国战略中具有特殊的重要地位。党中央、国务院高度重视发展高等职业教育。改革开放以来特别是近几年来,汽车行业迅猛发展,产销量大幅增长,各职业院校根据市场需求相继开设了汽车运用与维修技术专业,选择适用的课程教材对于院校专业建设至关重要,本书是在院校各级领导的通力合作下,各位教师、技术专家的大力协助下编写而成。

本书在编写时充分考虑了汽车发动机及底盘知识的覆盖面,以适应对汽车发动机及底盘检修知识的需要,并且注重教材的实用性,介绍理论知识后,再以实际操作进行介绍,增强了学生学习的技能。全书包括12个项目,主要介绍了汽车发动机及底盘构造方面的基础知识和维修、检测等内容。

本书主要由云南交通运输职业学院(云南交通技师学院)江炳洲、张骥、陈鹏、彭华、邹兴勇负责完成。罗宗剑、徐坤、彭华、张志伟、曾明仙、钟跃辉、李自勇、李伟也参与了本书的编写。

本书可作为高等职业院校汽车技术专业的教学用书,也可作为汽车维修专业培训用书和相关技术人员的参考书。

最后对所有支持编写的人致谢,对所引用的书籍的作者表示感谢。

由于编者水平和经验有限,难免存在缺点和疏漏,恳请广大读者批评指正,交流探讨,以便修改补充。

编 者
2019年7月

目录
CONTENTS

项目一　发动机结构特点认知 …………………………………………………………… 1
项目二　发动机的拆卸与装配 …………………………………………………………… 16
项目三　发动机的检修 …………………………………………………………………… 35
项目四　发动机正时皮带检查与更换 …………………………………………………… 48
项目五　变速传力总成结构特点认知 …………………………………………………… 63
项目六　变速传力总成的拆卸与装配 …………………………………………………… 79
项目七　变速传力总成传力部件检修 …………………………………………………… 96
项目八　变速传力总成变速机构检修 …………………………………………………… 113
项目九　转向系统检修 …………………………………………………………………… 129
项目十　悬架系统检修 …………………………………………………………………… 146
项目十一　行驶系统检修 ………………………………………………………………… 160
项目十二　制动系统检修 ………………………………………………………………… 181
参考文献 …………………………………………………………………………………… 198

项目一 发动机结构特点认知

学习目标

完成本项目学习后,你应能:
1. 知道车辆识别代号;
2. 知道发动机型号及主要参数;
3. 知道发动机组成系统及其部件;
4. 知道发动机典型特征。

建议学时
6学时。

发动机(Engine)是一种能够把其他形式的能转化为机械能的机器,是汽车的心脏,影响汽车的动力性、经济性和环保性。常见的汽油发动机属于往复活塞式内燃机,是将燃料的化学能转化为活塞运动的机械能并对外输出动力。机体是构成发动机的骨架,是发动机各机构和各系统的安装基础,其内、外安装着发动机的所有主要零件和附件,承受各种载荷。

一、车辆识别代号

车辆识别代号(VIN)就是汽车的身份证号,它根据国家车辆管理标准确定,包含了车辆的生产厂家、年代、车型、车身形式及代码、发动机代码及组装地点等信息。VIN 是英文 Vehicle Identification Number 的缩写,由17位字符组成。

(1)车辆识别代号在汽车左侧风窗玻璃刮水定位件附近,如图1-1所示。
(2)车辆识别代号位于纵梁的延长件上,如图1-2所示。

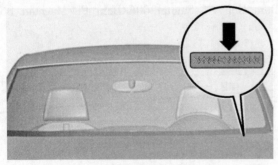

图1-1 车辆识别代号　　　　　图1-2 车辆识别代号

(3)车辆识别代号的编码方式,如图1-3所示。

LFV	2B2	1K0	9	3	000234
制造商代号	填充符号	型号	2009年款	生产车间	流水号

图 1-3　车辆识别代号编码方式

(4)汽车铭牌。如高尔夫6车型铭牌位于发动机舱右侧纵梁上,如图1-4、图1-5所示。

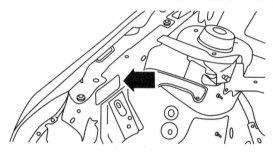

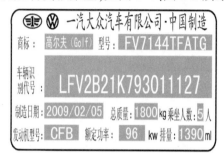

图 1-4　车型铭牌位置　　　　　　　　图 1-5　车型铭牌

二、一汽-大众常见发动机型号及主要参数

(一) EA111 发动机

(1)1.6L 适用车型：New Bora/Sagitar/Golf A6/NewSagitar(NCS)/Bora FL。NCS 是大众专为北美市场开发的一款紧凑型三厢轿车,该车的正式官方命名为新JETTA,是大众旗下经典车型之一JETTA的第六代车型,如图1-6所示。

发动机型号代码	CDFA、CLRA
排量(cm³)	1598
功率[kW/(r/min)]	77/5600
转矩[N·m/(r/min)]	155/3500
缸径(mm)	76.5
行程(mm)	86.9

图 1-6　EA111—1.6L 发动机

(2)1.4TSI 适用车型：Bora GP/New Bora/Golf A6/Sagitar2006/Bora FL/Magotan B6、B7L,如图1-7所示。

发动机型号代码	CFBA
排量(cm³)	1390
功率[kW/(r/min)]	96/5000
转矩[N·m/(r/min)]	200/1750~3500
缸径(mm)	76.5
行程(mm)	86.9

图 1-7　EA111—1.4TSI 发动机

(二) EA888 发动机

(1) 1.8TSI 适用车型：Sagitar/Sagitar(NCS)/Magotan B6/Magotan B7/CC，如图1-8所示。

发动机型号代码	CEAA
排量(cm^3)	1800
功率[kW/(r/min)]	118/(5000~6200)
转矩[N·m/(r/min)]	250/(1500~4200)
缸径(mm)	82.5
行程(mm)	84.2

图1-8　EA888—1.8TSI 发动机

(2) 2.0TSI 适用车型：Sagitar/New Sagitar/Magotan B6/Golf (GTI/NCS/GLI)，如图1-9所示。

发动机型号代码	CGMA
排量(cm^3)	2000
功率[kW/(r/min)]	147/5500
转矩[N·m/(r/min)]	280/1800
缸径(mm)	82.5
行程(mm)	92.8

图1-9　EA888—2.0TSI 发动机

三、发动机组成系统及其部件

(一) 润滑系统

(1) 润滑系统原理及基本组成如图1-10所示。

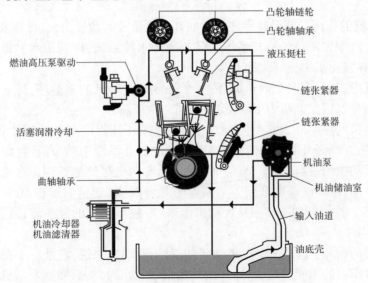

图1-10　润滑系统原理及基本组成

(2)润滑系统的作用。

①润滑作用:润滑运动零件表面,减小摩擦阻力和磨损,减小发动机的功率消耗。

②清洗作用:机油在润滑系统内不断循环,清洗摩擦表面,带走磨屑和其他异物。

③冷却作用:机油在润滑系统内循环带走摩擦产生的热量,起到冷却作用。

④密封作用:在运动零件之间形成油膜,提高它们的密封性,有利于防止漏气或漏油。

⑤防锈蚀作用:在零件表面形成油膜,对零件表面起保护作用,防止腐蚀生锈。

⑥液压作用:润滑油可用作液压油,起液压作用,如液压挺柱。

⑦减振缓冲作用:在运动零件表面形成油膜,吸收冲击并减小振动,起减振缓冲作用。

(二)冷却系统

(1)组成:由水泵、散热器、冷却风扇、节温器、膨胀水箱、发动机机体和汽缸盖中的水套以及其他附属装置等组成,如图1-11所示。

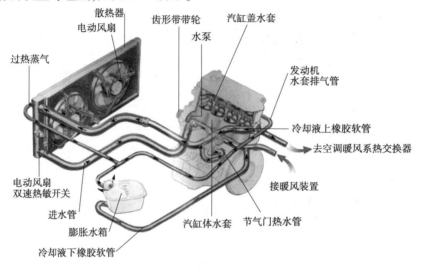

图1-11 冷却系统的组成

(2)冷却系统的作用。将受热零件吸收的部分热量及时散发出去,保证发动机在最适宜的温度下工作。汽车发动机的冷却系统为强制循环水冷系统,即利用水泵提高冷却液的压力,强制冷却液在发动机中循环流动。

在冷却系统中,其实有两个散热循环:一个是冷却发动机的主循环,另一个是车内取暖循环。这两个循环都以发动机为中心,使用是同一冷却液。

①冷却发动机的主循环。其中包括了两种工作循环,即"冷循环"和"正常循环"。冷车着车后,发动机在渐渐升温,冷却液的温度还无法打开系统中的节温器,此时的冷却液只是经过水泵在发动机内进行"冷车循环",目的是使发动机尽快地达到正常工作温度。随着发动机温度的升高,冷却液温度升到了节温器的开启温度(通常温度在80℃),冷却循环开始了"正常循环"。这时候的冷却液从发动机出来,经过车前端的散热器,散热后,再经水泵进入发动机。

②车内取暖的循环。这是一个取暖循环,但对于发动机来说,它是一个发动机的冷却循环。冷却液经过车内的采暖装置,将冷却液的热量送入车内,然后回到发动机。有一点不同的是:取暖循环不受节温器的控制,只要打开暖气,循环就开始进行,不管冷却液是冷的还是

热的。

③一汽—大众汽车冷却循环系统(如1.4TSI车型)如图1-12、图1-13所示。

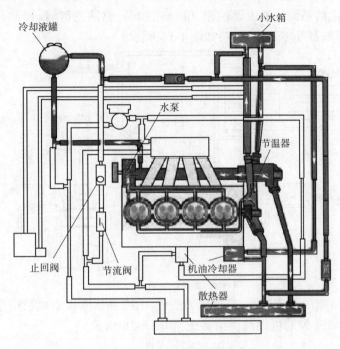

图1-12　大众汽车主冷却循环系统

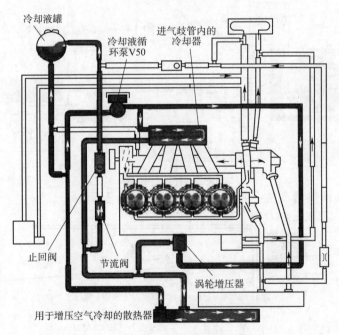

图1-13　大众汽车副冷却循环系统

图1-12所示是常规冷却系统,即主冷却循环系统;图1-13所示是带涡轮增压器发动机的增压器冷却循环系统,即副冷却循环系统。

(三)供给系统

(1)燃油供给系统的组成及作用。

①组成:燃油供给系统一般由燃油箱、电动燃油泵、燃油滤清器、燃油分配管、压力缓冲器、油压调节器、喷油器等零部件组成,如图1-14所示。

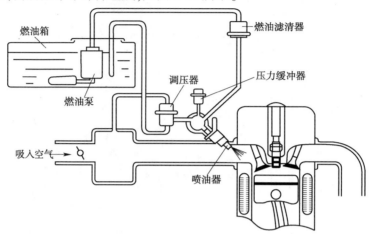

图1-14 燃油供给系统的组成

②作用:提供给喷油器清洁的、充足压力的燃油,喷油器则根据电脑指令喷油。

a. 高尔夫61.4TSI发动机燃油供给系统,如图1-15所示。

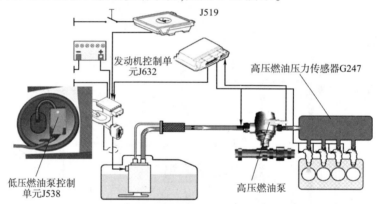

图1-15 燃油供给系统

b. 大众汽车燃油供给系统——低压部分,如图1-16所示。

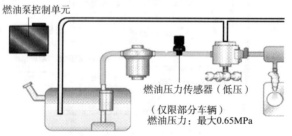

图1-16 燃油供给系统——低压部分

c. 大众汽车燃油供给系统——高压部分,如图1-17所示。

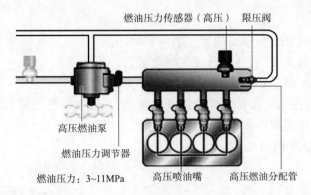

图1-17 燃油供给系统——高压部分

（2）进气系统。进气系统由进气管、空气滤清器、进气压力传感器、节气门体、谐振腔、进气歧管等组成，如图1-18所示。

发动机工作时，驾驶人通过加速踏板控制节气门的开度，以此来改变进气量，控制发动机的运转。进入发动机的空气经空气滤清器滤去尘埃等杂质后，流经空气流量传感器，再经进气歧管分配到各个汽缸中。

（3）增压系统。

①车用增压系统是指将进入发动机汽缸的空气预先进行压缩，压缩后再加以冷却，以提高进入汽缸的空气的密度，从而使充气质量增加，并在供油系统的适当配合下，使更多的燃料

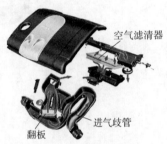

图1-18 进气系统

充分燃烧，达到提高发动机动力性、提高功率、改善燃料经济性、降低废气排放和噪声的目的。

②图1-19所示为大众汽车涡轮增压系统。发动机排气驱动涡轮机叶轮，再带动与涡轮同轴的压气机叶轮，压缩进入发动机的空气。由于涡轮增压器是利用发动机本身的排气能量来驱动，不直接消耗发动机的功率。当然，排气涡轮会使排气背压升高，增加排气功耗。增压可以改善发动机的经济性，一般可降低燃料消耗率3%~10%。如果采用增压中冷，降低增压空气温度、提高密度，可进一步改善发动机的动力性。

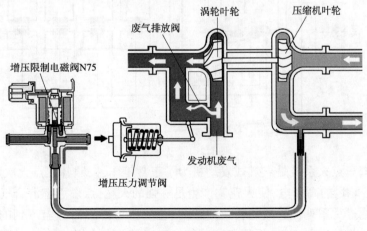

图1-19 增压系统

(4) 排放系统。

①废气排放控制作用:将排出的废气消声和降压。

②要求:车辆内部无废气,外部有废气净化装置。

③废气排放成分:CO_2、CO、HC、NO_x、H_2O、N_2、O_2 等。

④汽车排气系统是指收集并且排放废气的系统,一般由排气歧管、排气管、催化转化器、排气温度传感器、汽车消声器和排气尾管等组成。

⑤排气管总成如图1-20所示。

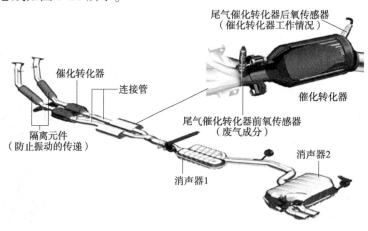

图1-20 排气系统

(四) 点火系统

(1)在汽油机中,汽缸内的可燃混合气是靠电火花点燃的,为此在汽油机的汽缸盖上装有火花塞,火花塞头部伸入燃烧室内。能够按时在火花塞电极间产生电火花的全部设备称为点火系统,点火系统通常由蓄电池、发电机、点火线圈和火花塞等组成,如图1-21所示。

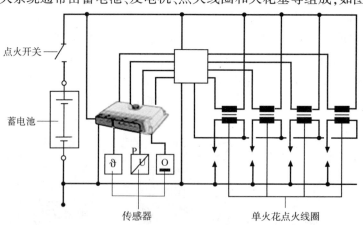

图1-21 点火系统

(2)作用:汽车点火系统是点燃式发动机为了正常工作,按照各缸点火次序,定时地供给火花塞以足够高能量的高压电,使火花塞产生足够强的火花,点燃可燃混合气。

(3)原理:通过一系列传感器如转速传感器、进气压力传感器等监测到的反映发动机运行状况的信号输送至ECU,ECU根据各传感信号确定最佳点火提前角,并在适当时刻向点火控制器发出点火信号,控制点火线圈产生高压电,点燃混合气,然后根据爆震传感器信号对上述点火要求进行修正,使发动机工作在最佳点火时刻,如图1-22所示。

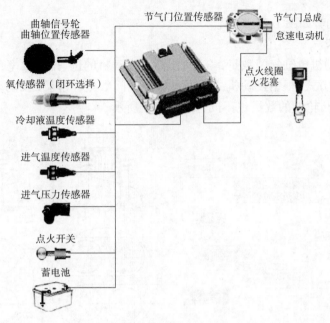

图1-22 点火系统原理

(五)起动系统

(1)要使发动机由静止状态过渡到工作状态,必须先用外力转动发动机的曲轴,使活塞作往复运动,汽缸内的可燃混合气燃烧膨胀做功,推动活塞向下运动使曲轴旋转,发动机才能自行运转,工作循环才能自动进行。因此,曲轴在外力作用下开始转动到发动机开始自动地怠速运转的全过程,称为发动机的起动。完成起动过程所需的装置,称为发动机的起动系统。

(2)起动系统由蓄电池、点火开关、起动继电器、起动机等组成。起动系统的功用是通过起动机将蓄电池的电能转换成机械能,起动发动机运转,如图1-23所示。

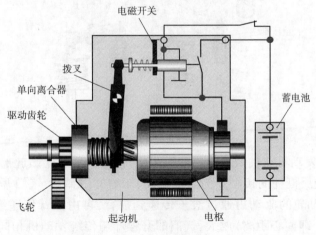

图1-23 起动系统

四、一汽-大众发动机先进技术

1. 发动机发展趋势

发动机发展趋势如图 1-24 所示。

2. 多气门技术

(1) 特点:发动机单缸气门数量≥3个;提高了发动机的进、排气效率;提高动力。

(2) 气门排列方式:根据发动机的使用要求和气门数量,气门在发动机缸盖上采用不同的排列方式,同时凸轮轴的数量也不同,如图 1-25 所示。

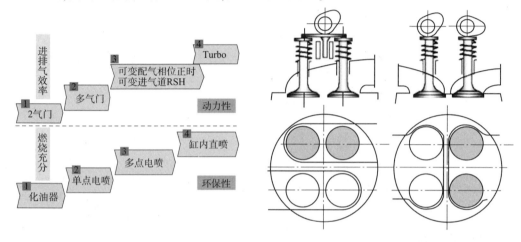

图 1-24　发动机发展趋势　　　　　　图 1-25　四气门

3. RSH 技术

(1) 特点:RSH 意为"滚子摇臂",滚动摩擦减小了摩擦损失,凸轮的短升程减小了运动阻力,因此提高了发动机的效率,降低了油耗,如图 1-26 所示。

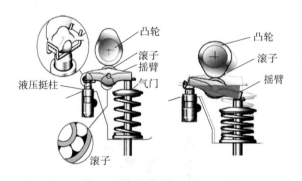

图 1-26　RSH 技术

(2) 工作原理:发动机曲轴带动凸轮轴旋转,凸轮轴转到凸轮凸起部分和摇臂上的滚子接触时,摇臂以与液压挺柱的接触点为支点摆动,压缩气门弹簧,气门开启。凸轮与滚子接触,属于滚动摩擦,凸轮的驱动力通过滚子传递到摇臂,再由摇臂传递给气门挺杆的端面。摇臂将凸轮的升程(即偏心距离)放大,气门的升程却与传统发动机相同,故此 RSH 发动机的凸轮的升程比传统发动机要短 4mm,凸轮驱动气门的能量损失也就小于传统发动机。

4.可变配气正时

(1)特点:根据发动机转数的不同,连续改变进、排气气门开启和关闭的时刻;提高发动机的充气效率;增强动力;降低燃油消耗;提高燃油质量适应性,如图1-27所示。

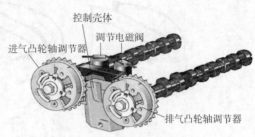

(2)调整的目的:发动机转速低,进气门应提前关闭,以避免混合气回流进气管,进气凸轮轴相位应提前调整;发动机转速高,进气管内气流快,活塞上行时,混合气应可继续涌入汽缸,进气门延迟关闭;较大的气门重叠角,可以实现内部废气再循环功能,从而降低尾气污染。

图1-27 可变配气正时

(3)可变配气正时原理如图1-28所示。

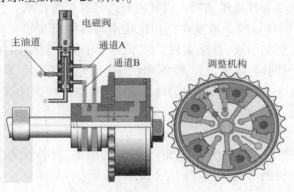

图1-28 可变配气正时原理

5.可变进气道

(1)发动机在中、低转速和中、小负荷时:使用长的进气道或者细进气道。提高了进气速度,增强了气流的惯性,使进气量增多。增强了汽缸内的气流强度,提高了可燃混合气的混合效果,改善了燃烧过程。提高发动机低速的燃油经济性、动力性。

(2)发动机在高转速、大负荷时:使用短的进气道或者粗的进气道。使进气阻力小,使进气量增多,增大了发动机动力输出,最高车速及高、中高车速超车能力强。可变进气道在所有转速下都可以使发动机转矩平均提高8%。

(3)一汽-大众搭载的发动机转速在4000r/min以下时:采用长细进气道,保证进气平稳。发动机转矩输出提高,加速性能好。提高了发动机低速的燃油经济性。

(4)发动机转速超过4000r/min或者急加速时:发动机控制单元控制电磁阀来控制翻板,空气通过短粗进气道进入汽缸,保证进气充足。进气阻力小,也使进气量增多。增大了发动机功率输出,最高车速及高、中高车速超车能力强,如图1-29所示。

6.多点喷射

多点喷射又称多气门喷射(MPI)、顺序燃油喷射(SFI)、进气道喷射或单独燃油喷射(IFI),与单点喷射相对应,每个汽缸设置一个喷油器,各个喷油器分别向各汽缸进气道(进气管前方)喷油。保证各缸之间的空燃比混合均匀、精确;提高了发动机的进、排气效率,提高动力,经济性好,如图1-30所示。

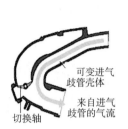

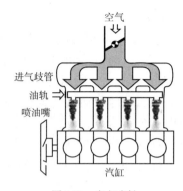

图1-29　可变进气道　　　　　图1-30　多点喷射

7. 缸内直喷

缸内直喷(FSI)就是直接将燃油喷入汽缸内与进气混合的技术。优点是油耗量低,功率大,压缩比高达12,与同排量的一般发动机相比功率与转矩都提高了10%。喷射压力也进一步提高,使燃油雾化更加细致,真正实现了精准地按比例控制喷油并与进气混合,并且消除了缸外喷射的缺点。同时,喷嘴位置、喷雾形状、进气气流控制,以及活塞顶形状等特别的设计,使油气能够在整个汽缸内充分、均匀地混合;燃油经过精确计算,按需供油;从而使燃油充分燃烧,能量转化效率更高,如图1-31所示。

8. 双平衡轴技术

利用平衡轴旋转产生的离心力可以抵消大部分的振动,改善发动机的动平衡特性;提高乘坐舒适性;提高发动机的可靠性,如图1-32所示。

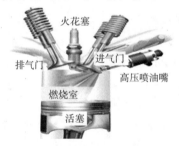
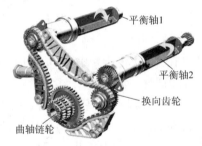

图1-31　缸内直喷　　　　　图1-32　双平衡轴

9. 增压器中冷器

增压器中冷器的作用:强化冷却能力;大幅提高进气效率;提高动力;降低油耗;降低排放。中冷器如图1-33所示。

当空气进入涡轮增压后其温度会大幅升高,密度变低,而中冷器正是起到冷却空气的作用,高温空气经过中冷器的冷却,再进入发动机中。如果缺少中冷器而让增压后的高温空气直接进入发动机,则会因空气温度过高导致发动机损坏甚至熄火。

图1-33　中冷器

10. 缸体、缸盖双循环冷却

(1) 为了控制冷却系统内的温度,冷却液的流量 1/3 用来冷却缸体,2/3 冷却液参与冷却缸盖,主要用来冷却燃烧室、流速和温度,是通过节温器的横截面积来控制的。由于两个循环系统的温度不同,所以开启的温度也不同。在这种情况下,需要两个分开的节温器。如图 1-34 所示。

(2) 大众汽车的双节温器如图 1-35 所示。

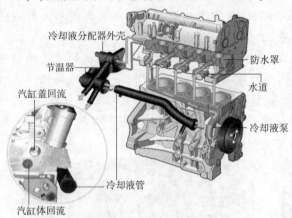

图 1-34 双循环冷却

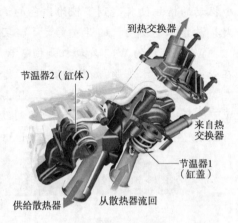

图 1-35 双节温器

① 温度在 87℃ 以下时:两个节温器都关闭。

水循环路线为:水泵→缸盖→冷却液分配器→小水箱→机油冷却器→冷却液罐。

② 温度在 87~105℃:节温器 1 打开,节温器 2 关闭,缸盖温度设定在 87℃,缸体温度将继续上升。

水循环路线为:水泵→缸盖→冷却液分配器→小水箱→机油冷却器→冷却液→散热器。

③ 温度在 105℃ 以上时:两个节温器全部打开,缸盖温度设定在 87℃,缸体温度设定在 105℃。

水循环路线为:水泵→缸盖→冷却液分配器→小水箱→机油冷却器→冷却液→散热器→缸体。

11. 发动机反置式设计

(1) "反置"是横置发动机的一种特殊布置方式,通常的横置发动机排气歧管在前,进气歧管在后的布置方式,简单地说就是"前出后进",如果将进排气的位置调换,将进气歧管置于前端,排气歧管置于后部,变成"前进后出",就是所谓的"反置",如图 1-36 所示。

(2) 反置式发动机的优点是加大了进气歧管的冷却效果,还可以将触媒转换器安装在靠近排气头段的位置,提高净化废气能力;缺点是进气速度慢,压力不够,在发动机低转速范围内动力差,容易造成积炭。

图 1-36 反置式发动机

知识拓展

EA390为V6发动机系列，有3.0L、3.2L、3.6L等不同排量，EA390采用燃油直喷技术，每缸4气门，发动机夹角很小(一般只有15°)，结构紧凑。特殊的小夹角结构可以使其占用更小的空间，为车辆整体的结构布局提供了更为广阔的可行性。V6发动机上经过巧妙设计的进、排气机构可以使其搭载当今众多帮助发动机正常运行的电子技术，同时通过一系列减小振动的措施使其达到了较为出色的运转平稳性，最重要的是，V6发动机的成功为新一代大排量紧凑型发动机的开发奠定了坚实的基础，如图1-37所示。

W12：大众的W12发动机是由2台V6以60°夹角结合，对于W型发动机的布局的确存在着太多的技术难题，如果没有VR6发动机作为基础，或许就不会出现W型发动机。同时在V6的基础上，大众又开发出了V8，以及基于它所衍生出的W16发动机。目前，大众的W12发动机主要应用于奥迪A8、宾利欧陆等豪华车型，辉腾W12的车型已经停产，新一代辉腾有望重新推出W12车型，如图1-38所示。

图1-37　CC 3.0 V6

图1-38　进口新辉腾

思考与练习

一、填空题

1. 发动机的组成零件可以归纳到机体组、_____、配气机构、_____、润滑系统、冷却系统六大部分里面。
2. 配气机构的功用是_____。
3. 进、排气门同时开启的现象称为_____。
4. 四冲程发动机曲轴和凸轮轴的转速比是_____，即发动机每完成一个工作循环，曲轴旋转_____周，凸轮轴旋转_____周。
5. 进气系统是由_____、_____和_____组成。
6. 排气系统包括_____、_____、消声器和催化转化器。
7. 发动机按照汽缸的排列方式可以分为直列式、_____、_____、_____、星形等。
8. 冷却系统按照冷却介质的不同可以分为_____和_____。
9. 活塞环分为_____和_____两种。

10. 润滑系统的作用有：润滑作用、_____、_____、密封作用、_____、液压作用、_____。

二、选择题

1. 发动机的机体组包括(　　)。
   A. 排气管　　　　B. 油底壳　　　　C. 汽缸盖　　　　D. 机油滤清器
2. 车辆识别代号中的"LFV"表示(　　)。
   A. 制造商代号　　B. 日期　　　　　C. 型号　　　　　D. 商标
3. 下列不是进气系统组成部件的是(　　)。
   A. 进气管　　　　B. 空气滤清器　　C. 消声器　　　　D. 进气总管
4. 一汽大众的CC属于(　　)。
   A. 越野车　　　　B. 跑车　　　　　C. 轿跑　　　　　D. 轿车

三、判断题

1. 活塞的主要功用是将燃料燃烧放出的热量传递给汽缸。　　　　　　　　(　　)
2. 水冷系统中，冷却液大小循环的线路是由节温器控制的。　　　　　　　(　　)
3. 风扇松动会导致发动机过热。　　　　　　　　　　　　　　　　　　　(　　)
4. 排气系统的三元催化转换器可以催化转换二氧化碳气体。　　　　　　　(　　)
5. 曲轴安装在汽缸盖上。　　　　　　　　　　　　　　　　　　　　　　(　　)
6. 在热负荷较大的发动机上，除了利用油底壳对发动机润滑油进行散热之外，还专门设计了机油散热器。　　　　　　　　　　　　　　　　　　　　　　　　　　　(　　)
7. 发动机按照活塞的运动方式分为自然吸气式发动机和增压式发动机。　　(　　)
8. V形发动机V形夹角到达180°的时候，就和水平对置发动机没有区别了。(　　)
9. 活塞行程等于曲柄半径的2倍。　　　　　　　　　　　　　　　　　　(　　)
10. 柴油机和汽油机的工作原理相同。　　　　　　　　　　　　　　　　　(　　)

四、简答题

1. 一汽大众发动机的先进技术有哪几点？

2. 缸内直喷有什么好处？

3. 可变进气道在低中转速和在高转速时各有什么作用？

项目二　发动机的拆卸与装配

学习目标

完成本项目学习后,你应能:
1. 说出发动机外围部件的名称作用和拆装步骤;
2. 描述汽缸盖的作用,说出汽缸盖拆卸的步骤及注意事项;
3. 说出气门组组成部件和功用,说出气门组的拆装步骤及注意事项;
4. 描述曲柄连杆机构的组成和功用,曲柄连杆机构拆装步骤及注意事项。

建议学时

6学时。

图2-1　发动机左侧附件

一、发动机附件及汽缸盖的拆装

(一) 发动机附件拆装

(1) 图2-1～图2-3所示为一汽大众捷达1.6L发动机。

(2) 拆下进气歧管,如图2-4所示。

(3) 拆下排气歧管,如图2-5所示;拆下点火线圈、分缸线,如图2-6所示。

(4) 拆下附件皮带,如图2-7所示。

(5) 拆下张紧轮,如图2-8所示;拆下发电机,如图2-9所示。

图2-2　发动机正面附件

图2-3　发动机右侧附件

16

项目二　发动机的拆卸与装配

a)进气歧管上段

b)进气歧管下段

图 2-4　拆下进气歧管

图 2-5　进气歧管上段

图 2-6　点火线圈

a)松开张紧轮

b)附件皮带

图 2-7　拆下附件皮带

图 2-8　张紧轮

图 2-9　发电机

(6)拆下空调压缩机,如图2-10所示;拆下转向助力泵及支架,如图2-11所示。

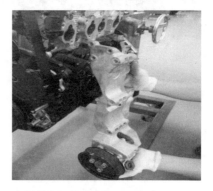

图2-10 空调压缩机　　　　　　　　图2-11 转向助力泵及支架

(7)拆下机油滤清器,如图2-12所示;拆下节温器,如图2-13所示。

图2-12 机油滤清器　　　　　　　　图2-13 节温器

(8)拆下爆震传感器,如图2-14所示;拆下曲轴位置传感器,如图2-15所示。

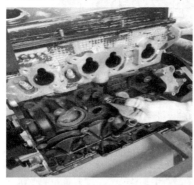

图2-14 爆震传感器　　　　　　　　图2-15 曲轴位置传感器

(9)拆下正时皮带。拆卸皮带前,如图2-16箭头所示按发动机转动方向拧正时皮带轮端的中央螺栓,将曲轴转到第一缸上止点标记,如图2-16所示。

(10)拆下气门室罩盖,如图2-17所示。

(11)拆下凸轮轴。先拆下第1号、3号、5号轴承盖,然后对角交替松开第2号、4号轴承盖,如图2-18所示。

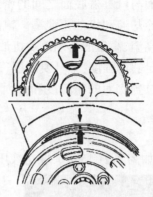

图 2-16　正时皮带

图 2-17　气门室罩盖

图 2-18　凸轮轴

(二) 汽缸盖

汽缸盖是结构复杂的箱形零件。其上加工有进、排气门座孔,气门导管孔,火花塞安装孔(汽油机)或喷油器安装孔。在汽缸盖内还铸有水套、进排气道和燃烧室或燃烧室的一部分。若凸轮轴安装在汽缸盖上,则汽缸盖上还加工有凸轮轴承孔或凸轮轴承座及其润滑油道,如图 2-19 所示。

汽缸盖的作用是密封汽缸,与活塞共同形成燃烧空间,并承受高温高压燃气的作用。汽缸盖的工作情况是:

(1) 汽缸盖受到高温高压燃气作用,承受很大的螺栓预紧力,导致机械应力大。

图 2-19　汽缸盖结构

(2) 汽缸盖结构复杂,温度场严重不均匀,导致热应力大,严重时会引起汽缸盖出现裂纹和整体变形。

因此汽缸盖的设计要求是:

(1) 有足够的刚度和强度,工作变形小,保证密封。

(2) 合理布置燃烧室、气门、气道,保证发动机的工作性能。

(3) 工艺性良好,温度场尽量均匀,减少热应力,避免热裂现象。

(三)汽缸垫

汽缸垫是机体顶面与汽缸盖底面之间的密封件。其作用是保持汽缸密封不漏气,保持由机体流向汽缸盖的冷却液和机油不泄漏。汽缸垫承受拧紧汽缸盖螺栓时造成的压力,并受到汽缸内燃烧气体高温、高压的作用以及机油和冷却液的腐蚀,如图2-20所示。

汽缸垫应该具有足够的强度,并且要耐压、耐热和耐腐蚀。另外,还需要有一定的弹性,以补偿机体顶面和汽缸盖底面的粗糙度和平面误差度,以及发动机工作时汽缸盖受气体力出现的变形。

(四)汽缸盖拆装

(1)取下凸轮轴,如图2-21所示。取出液压挺柱,如图2-22所示。

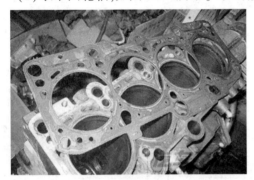

图2-20 汽缸垫

图2-21 凸轮轴

(2)松开缸盖螺栓,如图2-23所示。

图2-22 液压挺柱

图2-23 缸盖螺栓

(3)缸盖螺栓的拧松顺序如图2-24所示。

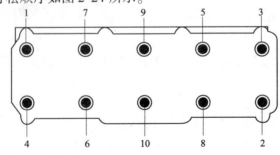

图2-24 缸盖螺栓拧松顺序

(五)汽缸盖的检修及注意事项

(1)注意:不要使用尖锐工具或磨具清洁接合面。每次拆装都更换汽缸垫。

(2)检查缸盖平面度,如图 2-25 所示(最大允许平面度误差 =0.1mm)。

图 2-25　缸盖平面度检查

(3)在安装汽缸盖之前,要将曲轴转动到第一缸上止点位置。

(4)安装汽缸盖衬垫,将汽缸垫有标记"OPEN TOP"的一面朝上,如图 2-26 所示。

图 2-26　汽缸垫安装

(5)在安装汽缸盖之前,先检查缸盖螺栓的长度,如果超过标准长度的 0.50mm,则应更换,如图 2-27 所示。

(6)安装汽缸盖,将汽缸盖螺栓由内向外顺序拧紧,如图 2-28 所示。汽缸盖螺栓的拧紧力矩为预先拧紧至 40N·m,用刚性扳手再拧 180°,允许再拧 2×90°。

 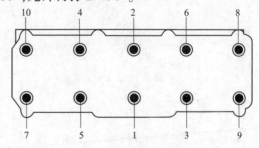

图 2-27　缸盖螺栓测量　　　　图 2-28　缸盖螺栓安装顺序

二、气门组的拆装

(一)气门组

配气机构是发动机两大机构、五大系统中的两大机构之一,它包括气门组和气门传动组。气门组包括气门、气门导管、气门座、弹簧座、气门弹簧、锁片等零件。气门传动组包括摇臂、摇臂轴、推杆、挺柱、凸轮轴和正时齿轮,如图 2-29 所示。

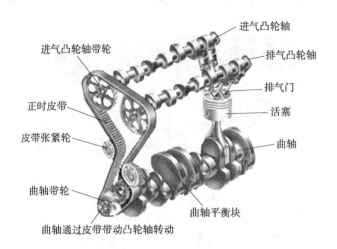

图 2-29 配气机构

1. 气门

气门(Valve)的作用是专门负责向发动机内输入燃料并排出废气,传统发动机每个汽缸只有一个进气门和一个排气门,这种设计结构相对简单,成本较低,维修方便,低速性能较好,缺点是功率很难提高,尤其是高转速时充气效率低、性能较弱。为了提高进排气效率,现在多采用多气门技术,常见的是每个汽缸布置有 4 个气门(也有单缸 3 或 5 个气门的设计),4 汽缸一共就是 16 个气门,我们在汽车资料上经常看到的"16V"就表示发动机共 16 个气门。这种多气门结构容易形成紧凑型燃烧室,喷油器布置在中央,这样可以使油气混合气燃烧更迅速、更均匀,各气门的质量和开度适当地减小,使气门开启或闭合的速度更快。如图 2-30、图 2-31 所示。

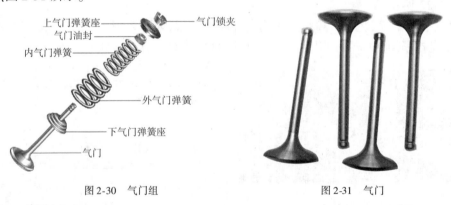

图 2-30 气门组　　　　　　　　图 2-31 气门

2. 气门座

汽缸盖的进排、气道与气门锥面相贴合的部位称为气门座。如图 2-32 所示,气门座可以在缸体上镗出,但现在大多数发动机采用耐热合金钢制成气门座圈,直接压入汽缸盖中,以提高使用寿命和便于维修。

气门座靠其内锥面与气门锥面的紧密贴合密封汽缸,接受气门传来的热量。

 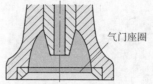

图 2-32　气门座

3. 气门弹簧

气门弹簧的作用使气门自动复位关闭，保证气门关闭时能紧密地与气门座或者气门座圈贴合，吸收气门关闭过程中配气机构产生的惯性力，使传动件始终受凸轮轴控制而不相互脱离。安装时进行预压缩，如图 2-33 所示。

4. 气门导管

气门导管的作用是为气门的运动导向，保证气门的直线运动，并对气门起到导热的作用。气门到导管的工作温度较高，润滑困难，易磨损，所以导管的材料一般采用含石墨较多的铸铁，能提高自润滑作用，如图 2-34 所示。

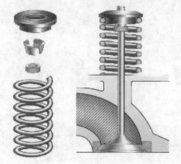 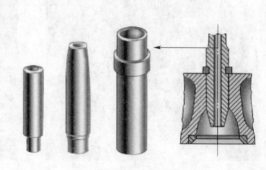

图 2-33　气门弹簧　　　　　　　图 2-34　气门导管

(二) 气门组的拆卸

(1) 将汽缸盖总成放在工作台上，如图 2-35 所示。

(2) 取出各缸的液压挺柱，注意：拆卸时在液压挺柱上做好标记，液压挺柱不能互换，如图 2-36 所示。

图 2-35　放置汽缸盖　　　　　　　图 2-36　取出液压挺柱

(3) 用气门弹簧钳将气门座压下，取出气门锁片和气门弹簧，如图 2-37 所示。

(4) 取出各缸的进、排气门，注意：拆卸时气门需要做好记号，气门不可互换，如图 2-38 所示。

图 2-37　取出气门锁片和气门弹簧

图 2-38　取出气门

（5）用气门油封钳取出气门油封，如图 2-39 所示。

（6）用专用工具取出气门导管，如图 2-40 所示。

图 2-39　取出气门油封

图 2-40　取出气门导管

(三) 气门组的装配

（1）安装气门导管。将气门导管涂上机油后用专用工具从凸轮轴端压入汽缸盖，并且要压到规定位置。注意，安装气门导管前应检查座孔和导管是否合格；导管安装为过盈配合，最好用专用工具压入，如图 2-41 所示。

（2）安装气门油封。此时要检查气门油封规格是否符合要求，如图 2-42 所示。

图 2-41　安装气门导管

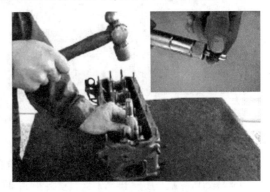

图 2-42　安装气门油封

(3)安装气门。安装气门前要在气门杆上涂上机油,检查气门是否符合规格要求,在安装的时候注意不要把进、排气门的位置装错位,如果使用的是原车的旧的气门则要注意各缸的气门不可互换,如图2-43所示。

(4)装入气门弹簧,安装前检查气门弹簧的高度是否符合要求,是否有变形、裂纹和折断损坏的现象,如图2-44所示。

图2-43 安装气门

图2-44 安装气门弹簧

(5)安装弹簧锁片。

①装入气门弹簧座,如图2-45所示。

②用专用工具将气门弹簧垫压下,如图2-46所示。注意,在安装前应检查弹簧垫、锁片是否有磨损、变形、裂纹等损坏情况,安装新的锁片时应检查规格是否符合要求。

图2-45 装气门弹簧座

图2-46 压下气门弹簧装气门锁片

③装入锁片,如图2-47所示。

图2-47 安装气门锁片

提示:

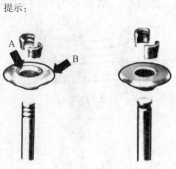

（6）安装液压挺柱，注意液压挺柱不可以互换，如图2-48所示。

图2-48　安装液压挺柱

三、曲柄连杆机构的拆装

1. 曲柄连杆机构的组成及作用

曲柄连杆机构是发动机的主要运动机构。功用是将活塞的往复运动转变为曲轴的旋转运动，同时将作用于活塞上的力转变为曲轴对外输出的转矩，以驱动汽车车轮转动。发动机的曲柄连杆机构主要由活塞组、连杆组和曲轴飞轮组等组成，如图2-49所示。

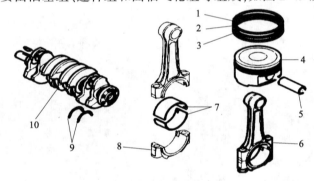

图2-49　曲柄连杆机构

1-气环；2-密封环；3-油环；4-活塞；5-活塞销；6-连杆；7-连杆轴瓦；8-连杆轴承盖；9-推力片；10-曲轴

2. 曲柄连杆机构各部件的作用

（1）活塞的作用。活塞的主要功用是承受燃烧气体压力，并将此力通过活塞销传给连杆以推动曲轴旋转。此外，活塞顶部与汽缸盖、汽缸壁共同组成燃烧室，如图2-50所示。

（2）活塞环。活塞环分气环和油环两种，如图2-51所示。

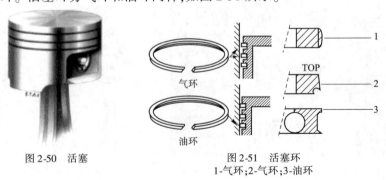

图2-50　活塞　　　图2-51　活塞环

1-气环；2-气环；3-油环

气环的主要功用是密封和传热。保证活塞与汽缸壁间的密封,防止汽缸内的可燃混合气和高温燃气漏入曲轴箱,并将活塞顶部接受的热传给汽缸壁,避免活塞过热。如果密封不良,不但发动机起动困难,功率下降,燃油和机油的消耗增加,机油老化变质,而且还由于活塞环外圆面与汽缸壁贴合不严密,活塞顶部接受的热传不出去而导致活塞及活塞环温度过高,甚至烧坏。

油环的主要功用是刮除飞溅到汽缸上的多余机油,并在汽缸壁上涂布一层均匀的油膜。既能防止机油窜入燃烧室被烧掉,又能实现对活塞、活塞环和汽缸壁的润滑。

(3)连杆组。连杆组包括连杆、连杆螺栓和连杆轴承盖等零件,如图2-52所示。

连杆组的功用是将活塞承受的力传给曲轴,并将活塞的往复运动转变为曲轴的旋转运动。连杆小头与活塞销连接,同活塞一起作往复运动。连杆大头与曲柄销连接,同曲轴一起做旋转运动。因此,在发动机工作时连杆作复杂的平面运动。连杆组主要受压缩、拉伸和弯曲等交变负荷。最大压负荷出现在做功行程上止点附近,最大拉伸载荷出现在进气行程上止点附近。

(4)曲轴。曲轴的功用是把活塞、连杆传来的气体力转变为转矩,用以驱动汽车的传动系统和发动机的配气机构以及其他辅助装置。发动机曲轴材料一般为球墨铸铁,采用全支承方式,轴向定位在第二主轴颈,如图2-53所示。

图2-52 连杆组　　　　　　　　图2-53 曲轴

3.活塞连杆组的拆卸

(1)旋转曲轴,将1、4缸旋到下止点,按1-4-2-3的顺序拆下活塞。

(2)在连杆盖和杆身做上标记,如图2-54所示。

(3)松开连杆螺栓,如图2-55所示。

图2-54 标记连杆　　　　　　　　图2-55 连杆螺栓

（4）取出连杆轴承盖和连杆轴瓦，如图2-56所示。

（5）用木柄缓慢推挤连杆下端，使其从缸体的下止点向上止点移动，并取出，如图2-57所示。注意：推挤同时，请用另外一只手在活塞前方做好保护，避免因用力过猛而使活塞突然推出落地。

图2-56　连杆轴承盖

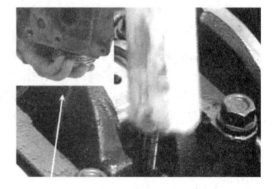

图2-57　取出活塞

（6）组合取下的连杆盖和连杆，如图2-58所示。

图2-58　组合连杆盖和连杆

（7）按顺序摆放取出的活塞组，如图2-59所示。

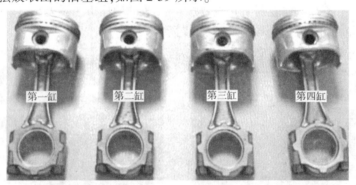

图2-59　顺序摆放活塞组

（8）取下活塞1-2环，如图2-60所示。

（9）取下组合油环，如图2-61所示。

图 2-60　取下活塞 1-2 环

（10）活塞环拆卸完毕，如图 2-62 所示。

4. 活塞组的安装

（1）安装组合油环，将衬环装入，再装好衬环两侧刮油环，如图 2-63 所示。

（2）安装第二道环，代码标记"T"朝上；再安装第一道环，如图 2-64 所示。

（3）适当润滑活塞环，如图 2-65 所示。

（4）将一环开口置于与活塞销线成 45°位置，如图 2-66 所示。

图 2-61　取下组合油环

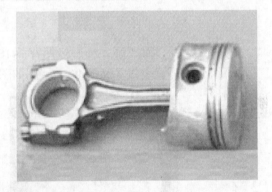

图 2-62　活塞环

图 2-63　安装组合油环

图 2-64 安装 1-2 环

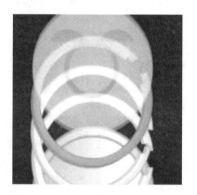

图 2-65 润滑活塞环　　　　　图 2-66 一环位置

（5）将二环开口置于第一环开口的背面 180°位置，如图 2-67 所示。

（6）组合油环置于二环叉开 90°位置，如图 2-68 所示。

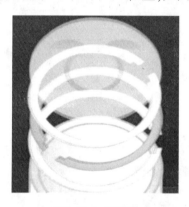
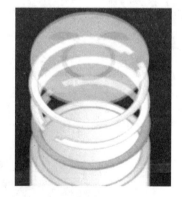

图 2-67 二环位置　　　　　图 2-68 三环位置

（7）检查活塞与连杆上朝前记号是否一致，装入时记号应对向发动机前端，如图 2-69 所示。

（8）用活塞环压缩器同时收紧各环，用木柄推挤活塞进入汽缸，如图 2-70 所示。

（9）撤去活塞环压缩器，继续推挤活塞直至连杆大头和曲轴连杆轴颈结合，如图 2-71 所示。

图 2-69　朝前记号

图 2-70　活塞环压缩器

（10）润滑连杆，对正连杆盖朝前记号，如图 2-72 所示。

（11）装上连杆盖，换新螺母，如图 2-73 所示。

（12）旋上螺母，力矩为 65N·m，再拧 90°，如图 2-74 所示。

（13）用同样方法，将 2-3-4 缸活塞装入，每装配好一个汽缸的活塞连杆组，都应转动曲轴，曲轴应转动自如，无明显卡滞现象，如有卡滞，应拆下重新安装。

图 2-71　连杆位置

图 2-72　连杆

图 2-73　连杆

图 2-74　拧紧连杆

思考与练习

一、填空题

1. 汽缸盖的作用是密封汽缸，与活塞共同形成_____，并承受高温高压燃气的作用。

2. 汽缸盖是结构复杂的箱形零件。其上加工有进、排气门座孔，气门导管孔，火花塞安装孔(汽油机)或喷油器安装孔。在汽缸盖内还铸有_____、_____和燃烧室或燃烧室的一部分。

3. 汽缸垫是机体顶面与汽缸盖底面之间的密封件。其作用是保持汽缸密封不漏气，保持由机体流向汽缸盖的_____不泄漏。

4. 正时齿形带中护罩紧固螺栓的拧紧力矩为_____N·m。

5. 缸盖螺栓的拧松需要用_____工具，拧松顺序是_____。

6. 汽缸盖螺栓的拧紧力矩为_____N·m。

7. 配气机构是发动机的两大机构之一，它包括_____和_____。

8. 气门组包括_____、_____、_____、_____、气门弹簧座等零件。

9. 气门导管的作用是为气门的运动导向，保证气门的直线运动并对气门起到_____的作用。

10. 压缩气门弹簧专用工具称为_____。

11. 曲柄连杆机构的功用是将活塞的往复运动转变为曲轴的_____。
12. 为了减少连杆与曲轴之间的相对运动引起的磨损,所以,需在连杆大头及连杆盖内嵌入_____。
13. 缸盖螺栓拆卸时,用到_____号套筒。
14. 活塞连杆组主要由活塞、连杆、_____、活塞销、连杆盖、连杆轴承等组成。

二、选择题

1. 汽缸盖的工作情况,下列不正确的是(　　)。
   A. 高温高压　　　B. 结构复杂　　　C. 受热不均　　　D. 热应力小
2. 很多发动机缸盖上,一个气门上有两个弹簧,那么以下说法正确的是(　　)。
   A. 增加弹力　　　B. 防止共振　　　C. 增强气门密封
3. 连杆组主要受压缩、拉伸和弯曲等交变负荷。最大压负荷出现在(　　)上止点附近,最大拉伸载荷出现在进气行程上止点附近。
   A. 做功行程　　　B. 压缩行程　　　C. 进气行程　　　D. 排气行程
4. 图2-75中,油环是(　　)。
   A. 1　　　　　　B. 2　　　　　　C. 3　　　　　　D. 1和2

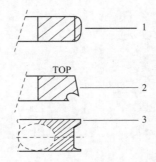

图2-75　习题图2

三、看图填空

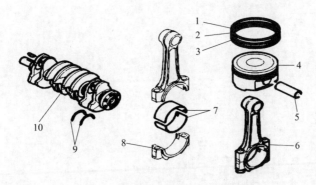

图2-76　习题图3

1. _____;2. _____;3. _____;
4. _____;5. _____;6. _____;
7. _____;8. _____;9. _____;
10. _____。

四、简答题

1. 活塞环中油环的作用是什么?

2. 拆装气门组的主要步骤有哪些?

3. 拆装曲柄连杆机构的主要步骤有哪些?

项目三 发动机的检修

学习目标

完成本项目学习后,你应能:
1. 知道检修发动机所需常用量具的使用方法和注意事项;
2. 说出汽缸盖平面度的检查目的和方法;
3. 说出曲轴的检查目的和方法;
4. 说出汽缸圆度、圆柱度的检查目的和方法。

建议学时
6 学时。

一、常用量具的使用

常言道"工欲善其事,必先利其器",对于发动机检查过程中选择好合适的工量具是非常重要的。但很多维修技术人员不太重视量具和量具的使用方法,导致不能顺利完成发动机检查工作,甚至会导致量具的寿命缩短。学会常用维修量具的使用是维修作业必备条件,认识和掌握这些维修量具对规范维修操作、保证维修质量、提高工作效率至关重要。发动机检查过程中常用量具包括游标卡尺、千分尺、百分表、塞尺等。

(一) 游标卡尺

1. 结构特点

游标卡尺是一种测量长度、内外径、深度的量具。游标卡尺由主尺和附在主尺上能滑动的游标两部分构成。主尺一般以毫米为单位,而游标上则有 10、20 或 50 个分格,根据分格的不同,游标卡尺可分为 10 分度游标卡尺、20 分度游标卡尺、50 分度游标卡尺等,如图 3-1 所示。

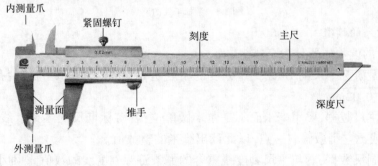

图 3-1 游标卡尺的结构

游标卡尺的主尺和游标上有两副活动量爪,分别是内测量爪和外测量爪,内测量爪通常用来测量内径,外测量爪通常用来测量长度和外径,如图3-2所示。

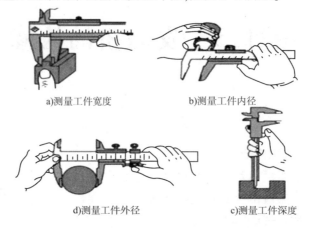

图3-2 游标卡尺测量功能

2.游标卡尺的测量方法(外径)

步骤一:将被测物擦干净,使用时轻拿轻放。

步骤二:松开游标卡尺的紧固螺钉,校准零位,向后移动外测量爪,使两个外测量爪之间距离略大于被测物体。

步骤三:一只手拿住游标卡尺的尺架,将待测物置于两个外测量爪之间,另一手向前推动活动外测量爪,至活动外测量爪与被测物接触为止。

步骤四:读数。如图3-3所示为13.44mm。

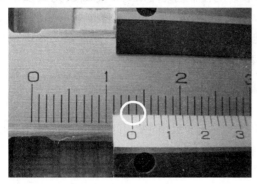 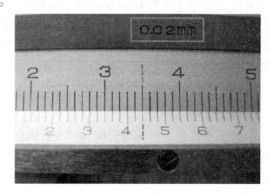

图3-3 游标卡尺的读数

3.游标卡尺的读数

游标卡尺的读数主要分为三步:

(1)看清楚游标卡尺的分度。10分度的精度是0.1mm,20分度的精度是0.05mm,50分度的精度是0.02mm。

(2)读取主尺数据,要用毫米而不是厘米做单位;看游标卡尺的零刻度线与主尺的哪条刻度线对准,或比它稍微偏右一点,以此读出毫米的整数值。

(3)读取副尺数据,看与主尺刻度线重合的那条游标刻度线的数值n,则小数部分是$n \times$精度,两者相加就是测量值;游标卡尺不需要估读。

(二) 外径千分尺

1. 结构特点

外径千分尺简称千分尺，它是比游标卡尺更精密的长度测量仪器，它的量程有 25~50mm、50~75mm、75~100mm、100~125mm 四种，测量精度是 0.01mm，如图 3-4a) 所示。

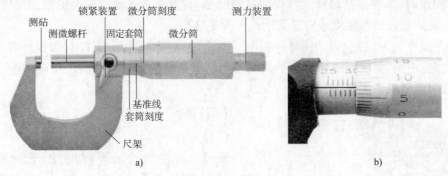

图 3-4 外径千分尺

2. 读数

读数时要根据套筒基准线和套管刻度的对齐线来读取读数，为防止因视差而产生误读，最好让视线与基准线成直角后再读取读数。具体读数为：读数 = 固定套筒读数 + 微分套筒读数 + 估读数。如图 3-4b) 所示读数为：30.5mm + 0.07mm + 0.006mm = 30.576mm。

3. 零位校准

使用千分尺时先要检查其零位是否校准，因此，先松开锁紧装置，清除油污，特别是测砧与测微螺杆间接触面要清洗干净。检查微分筒的端面是否与固定套筒上的零刻度线重合，若不重合应先旋转旋钮，直至螺杆要接近测砧时，旋转测力装置，当螺杆刚好与测砧接触时会听到喀喀声，这时停止转动。如两零线仍不重合（两零线重合的标志是：微分筒的端面与固定刻度的零线重合，且可动刻度的零线与固定刻度的水平横线重合），可将固定套筒上的小螺钉松动，用专用扳手调节套筒的位置，使两零线对齐，再把小螺钉拧紧。

(三) 百分表

1. 结构特点

百分表是利用精密齿条齿轮机构制成的表式通用长度测量工具。通常由测头、量杆、防振弹簧、齿条、齿轮、游丝、圆表盘及指针等组成。主要用于测量制件的尺寸和形状、位置误差等。分度值为 0.01mm，测量范围为 0~3、0~5、0~10mm，如图 3-5 所示。

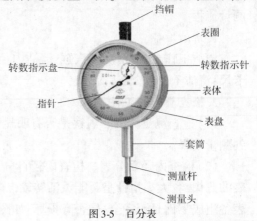

图 3-5 百分表

2. 读数

先读小指针转过的刻度线（即毫米整数），再读大指针转过的刻度线（即小数部分），并乘以 0.01，然后两者相加，即得到所测量的数值。

3. 注意事项

(1) 使用前，应检查测量杆活动的灵活性。

即轻轻推动测量杆时,测量杆在套筒内的移动要灵活,没有任何轧卡现象,每次手松开后,指针能回到原来的刻度位置。

(2)使用时,必须把百分表固定在可靠的夹持架上。切不可贪图省事,随便夹在不稳固的地方,否则容易造成测量结果不准确,或摔坏百分表。

(3)测量时,不要使测量杆的行程超过它的测量范围,不要使表头突然撞到工件上,也不要用百分表测量表面粗糙度或有显著凹凸不平的工件。

(4)测量平面时,百分表的测量杆要与平面垂直,测量圆柱形工件时,测量杆要与工件的中心线垂直,否则,将使测量杆活动不灵或测量结果不准确,为方便读数,在测量前一般都让大指针指到刻度盘的零位。

图 3-6 塞尺

(四)塞尺

1. 特点

塞尺又称测微片或厚薄规,用于测量间隙尺寸。一般最薄的为 0.02mm,最厚的为 3mm,如图 3-6 所示。

2. 使用方法

进行间隙的测量和调整时,先选择符合间隙规定的塞尺插入被测间隙中,然后一边调整,一边拉动塞尺,直到感觉稍有阻力时拧紧锁紧螺母,此时塞尺所标出的数值即为被测间隙值。

二、发动机机械检测方法

(一)汽缸直径检测

汽缸是发动机中受力、温度、摩擦等方面都很复杂的零件之一,其经常会出现变形、磨损等损伤情况。当汽缸存在这些损伤情况后发动机会出现汽缸和活塞的敲击声、烧机油、动力下降、油耗增加等。

内径百分表又称量缸表,是一个精密的测量工具,不正确的使用方法会造成测量误差。加之汽缸磨损一般都很小,所以我们必须严格按照测量其测量流程去操作。下面为具体的测量流程。

1. 清洁准备

清洁工作台;清洁测量汽缸;清洁内径百分表,重点清洁内径百分表的测量头;清洁游标卡尺;清洁千分尺。

2. 检查量具和工件

(1)检查测量汽缸。观察是否有明显的磨损、刮痕、裂纹等损伤。如果损伤严重,会影响到测量结果。

(2)检查内径百分表。检查内径百分表表面是否有破损;用右手大拇指轻轻压内径百分表的测头,看大小指针是否能灵活转动。若指针有卡滞现象,不要继续使用。检查内径百分表各组成零件是否齐全,是否有损坏,如图 3-7 所示。

(3)检查校准游标卡尺。检查游标卡尺表面是否有破损;零刻度线是否对齐。
(4)检查校准千分尺。检查千分尺表面是否有破损;零刻度线是否对齐。

 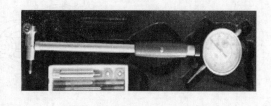

图 3-7　检查百分表

3. 测量操作

(1)游标卡尺测量汽缸直径。用游标卡尺测量汽缸的内表面直径,读到小数点后 1 位,如图 3-8 所示。

(2)固定千分尺尺寸。根据上步测量的汽缸直径,把千分尺调到对应的长度并固定,然后把它夹持在工作台上,如图 3-9 所示。

图 3-8　测量缸径　　　　　　　　图 3-9　固定千分尺尺寸

(3)组装内径百分表。

①将内径百分表的杆部插入表杆上端的孔内,当表杆与传动杆接触,表针有少量摆动即可,使内径百分表面与固定测头同方向,锁紧内径百分表,如图 3-10 所示。

②根据游标卡尺测量的汽缸直径选取合适的测量杆,配合千分尺已固定好的长度调整测量杆到合适的长度。然后把量表放到千分尺上,然后继续调整测量杆长度,直到内径百分表预压到小指针指到 2~3 之间,然后用锁紧螺母锁紧测量杆,如图 3-11 所示。

图 3-10　固定内径百分表

③接着把内径百分表的大表盘上的零刻度线旋转到大指针处对零(②③两步即给内径百分表标定),如图 3-12 所示。

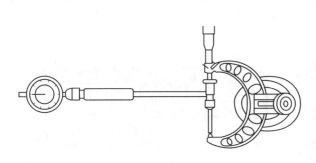

图 3-11　调整测量杆　　　　　　　　　图 3-12　百分表归零

(4) 测量汽缸。

① 把内径百分表放入汽缸,首先放入固定测头,用手按压固定测头让测量杆也放入汽缸,如图 3-13 所示。

图 3-13　放入内径百分表

② 用手握住隔热套前后摆动表杆,内径百分表的指针也会往一个方向摆动,然后会在某一个点往反方向摆动。让表停在这个位置(此时测杆和汽缸垂直),这时就能正确读取出汽缸直径的读数了,如图 3-14 所示。

③ 需要分别对汽缸的上、中、下位置的横纵 2 个方向上进行测量,共计测量 6 次。在测量上、下位置是都是距汽缸上下平面 10mm 处测量,如图 3-15 所示。

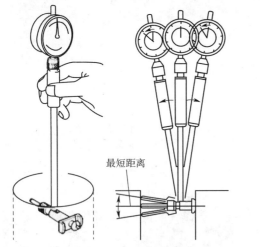

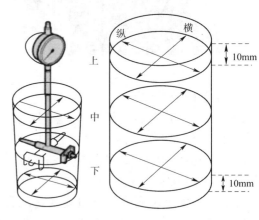

图 3-14　放入内径百分表　　　　　　　图 3-15　测量缸径

4. 读数及分析数据

内径百分表的读数过程中,由于测杆头部的伸缩方向、内径百分表小指针和大指针转动方向,三者之间关系转换比较复杂,所以很多汽车维修技术人员在读取内径百分表数值和对数据进行处理方面,存在思路容易混乱的情况,进而影响测量速度和结果的正确性。

(1) 内径百分表读数方法。

针对以上这些情况,专业人士总结了一句"十六字口诀",根据"口诀"的指导来操作,便可快速、准确地完成缸径数值的读取和计算。这一"口诀"是:"小小逆加,小大顺减;不变取小,逆加顺减"。

测量时首先要在心中记住内径百分表标定时小指针的大致位置 A(此时大指针对零),和使用的标定值 Φ,然后按上面的口诀判断。

"小小逆加"——"小"指针"小"于 A,"逆"时针读大指针所指数值 B,然后与标定值 Φ"相加",即:实际缸径 $= \Phi + B$。

"小大顺减"——"小"指针"大"于 A,"顺"时针读大指针所指数值 B,然后与标定值 Φ"相减",即:实际缸径 $= \Phi - B$。

"不变取小,逆加顺减"——小指针变化太小,看似"不变",说明实际尺寸相对标定值 D 的变化很"小"。则对大指针"逆时针"或"顺时针"读,哪一个值小取哪个值,即"取小"。

若该值是"逆"时针读的,则与标定值 Φ"相加",即:实际缸径 $= \Phi + B$。

若该值是"顺"时针读的,则与标定值 Φ"相减",即:实际缸径 $= \Phi - B$。

读表时,首先要看小指针相对标定时,是变大、变小还是不变;然后根据口诀判断:大指针应该顺时针读、还是逆时针读,并判断是该与标定值 Φ 相加还是相减。读取每个大指针数据后应随手记下"$-B$""$+B$"等数据,以备测量完成后集中进行计算。

(2) 量缸"口诀"应用举例。

量缸"口诀"应用举例如下:测得原始缸径 $\Phi = 86.3$ mm,作为缸径标定值。

内径百分表标定(校表):如图 3-16 所示,以 $\Phi = 86.3$ mm 标定校表,大指针对零,小指针大致在刻度 2~3 之间偏向 3(要记住,后面需要比较小指针变化情况)。

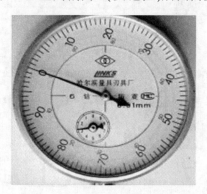 

图 3-16 读表

测量一:如图 3-17 所示,小指针变小,逆时针读大指针,得到 +0.37mm。
测量二:如图 3-18 所示,小指针变大,顺时针读大指针,得到 -0.38mm。
测量三:如图 3-19 所示,小指针看似没变,逆时针读大指针,值较小,所以取 +0.10mm。
最后计算缸径分别为:

测量一:$86.3 + 0.37 = 86.67$(mm)。
测量二:$86.3 - 0.38 = 85.92$(mm)。
测量三:$86.3 + 0.10 = 86.40$(mm)。

要点：在记小指针初始位置时，如图 3-19 所示，由于 2～3 之间没有等分刻度，只需记住小指针是在 2～3 之间，是在中间、还是偏向 2、还是偏向 3 即可。

图 3-17　读表

图 3-18　读表

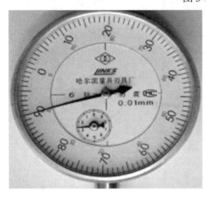 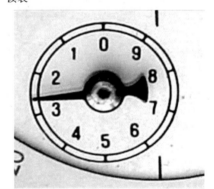

图 3-19　读表

（3）记录分析数据。把测量得到的数据记录到工作页对应位置上，注意表明单位。并计算出汽缸的圆度和圆柱度误差。然后把两者测量数据和工单上给出的汽缸允许最大圆度和圆柱度误差值进行比较，进而确定维修方案。如一般汽车汽缸圆度公差：汽油机为 0.05mm，柴油机为 0.065mm；汽缸圆柱度公差：汽油机为 0.20mm，柴油机为 0.25mm。如超出此范围，则应进行镗缸修理。

$$圆度误差 = \frac{测量最大值 - 测量最小值}{2} \quad (同一平面)$$

$$圆柱度误差 = \frac{测量最大值 - 测量最小值}{2}（所有数据）$$

5．整理工具

拆卸下内径百分表和活动测杆，清洁后把所有零部件放入盒内。把游标卡尺、千分尺按规定清洁整理后放入盒内。

(二)汽缸盖平面度的检测

汽缸盖变形是指汽缸盖与汽缸体结合的平面度误差超限，从而使得结合面不能平顺结合，导致汽缸密封不严、漏气、漏油、冲坏汽缸垫，使发动机无法正常工作。导致汽缸盖变形的原因很多，主要是汽缸工作时受热不均匀、长时间工作受高温高压的影响、装配缸盖螺栓时拧紧力矩不均匀、螺纹口有堵塞现象、螺栓不贯穿螺纹孔、出现虚假拧紧，高温下拆卸汽缸盖时受到外力冲击等。汽缸盖变形的规律一般是两边高中间低。

1．刀口尺

刀口尺又称刀口直尺、刀口平尺等，它是一把淬硬的刀片。在汽车修理工作中主要用于测量一些接触面的平直度等，如图3-20所示。

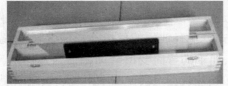

图3-20 刀口尺

2．汽缸盖平面度的测量

(1)选择放置刀口尺的位置，如图3-21所示。

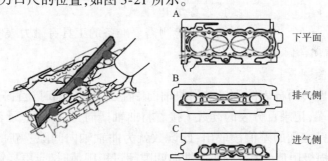

图3-21 刀口尺测量位置

(2)选择不同厚度的塞尺插入不同位置测量，如图3-22所示。

(3)测量顺序，如图3-23所示。

图3-22 塞尺测量

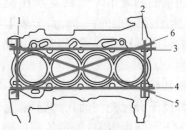

图3-23 测量顺序
1~6-测量顺序

(4)记录数据(3-1)。

记录数据　　　　　　　　　　　　　　　　表3-1

方向变形量	位置1 (mm)	位置2 (mm)	位置3 (mm)	位置4 (mm)	位置5 (mm)	位置6 (mm)
汽缸盖下平面						
进气歧管侧	对角线1	对角线2	排气歧管侧		对角线1	对角线2

(5)结果分析(表3-2)。

结果分析　　　　　　　　　　　　　　　　表3-2

测量部位	最大值(mm)	测量部位	最大值(mm)
汽缸体侧	0.05	排气歧管侧	0.10
进气歧管侧	0.10		

如果测量所得的平面度大于表3-2中的最大值,那么必须更换汽缸盖。

(三) 曲轴的检测

曲轴是发动机中形状和受力都很复杂的零件之一。曲轴的损耗形式主要有轴颈的磨损与扭曲变形、断裂及其他部位的损伤等,曲轴的弯曲变形会加剧活塞连杆组、汽缸、曲轴轴颈和轴承的磨损,甚至会使曲轴出现裂纹或断裂现象。

曲轴检测的内容有曲轴的轴向间隙的测量、曲轴径向跳动量测量和曲轴的圆度、圆柱度测量,如图3-24所示。

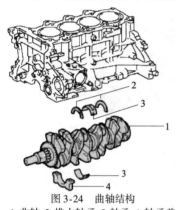

图3-24　曲轴结构
1-曲轴;2-推力轴承;3-轴承;4-轴承盖

1. 准备工具

对曲轴检测需要准备的工具有磁力表座、百分表、V形铁和千分尺。

2. 曲轴轴向间隙测量

首先用磁力表座将百分表测头接触到曲轴前端上并固定,同时让百分表预压1~2mm。然后将曲轴撬向一端,记录百分表的读数。接着将曲轴撬向另一端,记录百分表的读数。最后把百分表2次指针之间的差值读取出,此读数就为曲轴轴向间隙。新的轴承轴向间隙为0.07~0.17mm,磨损极限值为0.25mm。轴向间隙超过极限值时,应更换第三道主轴承两侧的半圆推力环,如图3-25所示。

3. 曲轴径向跳动测量

将曲轴的两端用V形铁支承在检测平板上;用百分表的触头抵在中间主轴颈表面,如图3-26所示;转动曲轴一周,百分表上指针的最大与最小读数之差,即为中间主轴颈对两端主轴颈的径向圆跳动误差(通常也用指针的最大与最小读数差值之半作为直线度误差或弯曲度值)。

4. 曲轴的圆度、圆柱度测量

用外径千分尺先在油孔两侧测量,然后旋转90°再测量,同一截面最大直径与最小直径之差的1/2为圆度误差;轴颈各部位测得的最大与最小直径差的1/2为圆柱度误差;圆度、圆柱度误差大于0.025mm时,应按修理尺寸磨修,如图3-27所示。

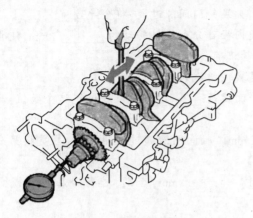

图 3-25 轴向间隙测量

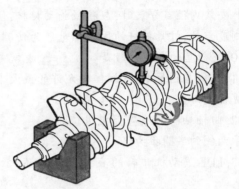

图 3-26 曲轴径向跳动测量

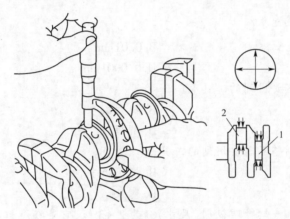

图 3-27 曲轴圆度、圆柱度测量
1、2-轴颈

思考与练习

一、填空题

1. 发动机检查过程中常用量具包括_____，_____，_____，_____等。

2. 游标卡尺的主尺和游标上有两副活动量爪，分别是内测量爪和外测量爪，内测量爪通常用来测量内径，外测量爪通常用来测量_____。

3. 游标卡尺在使用前，应先_____。

4. 游标卡尺读数时，视线应与尺面_____。如需固定读数，可用紧固螺钉将游标固定在尺身上，防止滑动。

5. 百分表主要用于测量制件的尺寸和形状、位置误差等。分度值为_____mm，测量范围为 0～3,0～5,0～10mm。

6. 不允许在测量过程中剧烈弯折塞尺，或用较大的力硬将塞尺插入被检测间隙，否则，将损坏塞尺的测量表面或_____。

7. 发动机在冷态下，当气门处于关闭状态时，气门与传动件之间的间隙称为_____。

8. 如果气门间隙过小,将会导致_____,如果气门间隙过大,将会导致_____。

9. 安装内径百分表时,应稍微旋动接杆,便内径百分表指针转动约_____mm,使指针对准刻度零处,拧紧接杆的固定螺母。为使测量正确,重复校零一次。

10. 汽缸盖的变形一般是_____,也就是我们所说的翘曲。

11. 汽缸盖测量中,汽缸体侧允许的最大平面度是_____,如果超过了这个数值,那么必须更换汽缸盖。

12. 曲轴轴向间隙磨损极限值为_____mm。轴向间隙超过极限值时,应更换第三道主轴承两侧的半圆推力环。

13. LDE 发动机曲轴的直线度误差不大于_____mm,否则,进行冷压校正或更换曲轴。

14. 圆度、圆柱度误差大于_____mm 时,应按修理尺寸磨修。

二、选择题

1. 千分尺的测量精度是(　　)。
   A. 0.1mm　　　　　　　　B. 0.01mm
   C. 0.001mm　　　　　　　D. 0.0001mm

2. 发动机测量不需要用到的工具有(　　)。
   A. 百分表　　　　　　　　B. 扭力扳手
   C. 千分尺　　　　　　　　D. 解码仪

3. 对气门间隙的调整不需要用到的工具是(　　)。
   A. 一字螺丝刀　　　　　　B. 梅花扳手
   C. 百分表　　　　　　　　D. 塞尺

4. 常见轿车发动机汽缸修理级别(尺寸)分为 2~3 级,它是在汽缸直径标准尺寸的基础上,每加大(　　)mm 为一级,逐级递增至 0.75mm,如 +0.25mm、+0.50mm、+0.75mm。
   A. 0.35mm　　　　　　　B. 0.75mm
   C. 0.25mm　　　　　　　D. 0.50mm

三、看图读数(图 3-28)

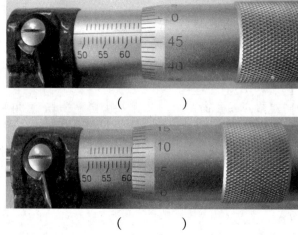

(　　　)

(　　　)

图 3-28

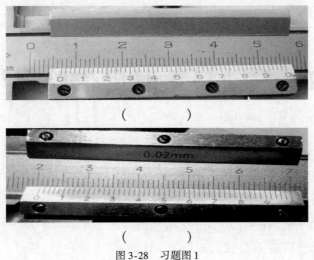

图 3-28 习题图 1

四、简答题

1. 游标卡尺、百分表的使用注意事项有哪些?

2. 气门间隙的作用和气门间隙过小对发动机有什么影响?

3. 曲轴检测的三个检测项目是什么?

项目四 发动机正时皮带检查与更换

学习目标

完成本项目学习后,你应能:
1. 正确说出配气机构的组成部件及其作用;
2. 正确说出配气机构的布置形式、驱动形式;
3. 正确理解配气相位图;
4. 独立进行正时皮带的更换;
5. 对皮带及带轮进行检查。

建议学时

6 学时。

一、配气机构概述

1. 功用

按照汽缸的工作顺序和工作过程的要求,适时地开闭进、排气门,向汽缸供给新鲜可燃混合气(汽油机)或新鲜空气(柴油机)并及时排出废气。另外,当进、排气门关闭时,保证汽缸密封。四冲程发动机都采用气门式配气机构。

对配气机构的要求:减小进气和排气阻力;使进气尽可能充分、排气尽可能彻底。

2. 工作原理

凸轮轴转动时,当凸轮的基圆部分与挺柱接触时,挺柱不升高,挺柱以上的传动件不动作,气门是关闭的。当凸轮的凸起部分与挺柱接触时,便开始将挺柱顶起,于是气门被打开。当凸轮的最大凸起处与挺柱接触时,气门达到最大开度。随后,凸轮与挺柱接触表面的凸起开始逐渐变小,气门在气门弹簧的作用下开始上升关闭,并反向推动摇臂等传动杆件,使挺柱下移保持与凸轮接触。当凸轮凸起部分离开挺柱时,气门完全关闭。

3. 配气机构的组成

配气机构由汽缸盖、气门组和气门传动组三部分组成。如图 4-1、图 4-2 所示。

4. 分类

(1)按气门布置的形式分为:气门顶置、气门侧置,如图 4-3 所示。

(2)按凸轮轴布置的形式分为:下置、中置、上置,如图 4-4 所示。

(3)按凸轮轴传动的方式分为:齿轮传动、链传动、齿形带传动,见表 4-1。

项目四　发动机正时皮带检查与更换

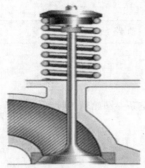

图 4-1　气门组　　　　　　　　图 4-2　气门传动组

a)气门侧置　　　　　　　　b)气门顶置

图 4-3　气门布置形式

a)下置　　　　　　b)中置　　　　　　c)上置

图 4-4　凸轮轴布置形式

按凸轮轴传动的方式分类　　　　　　　　　　　　　　　表 4-1

传动方式	图例	传动路线	应用
齿轮传动		曲轴正时齿轮(钢)→凸轮轴正时齿轮(铸铁或胶木)	凸轮轴下置、中置式配气机构

49

续上表

传动方式	图 例	传动路线	应 用
链传动		曲轴→链条→凸轮轴正时齿轮	凸轮轴上置式配气机构
齿形带传动		曲轴→齿形带→凸轮轴正时齿轮	凸轮轴上置式配气机构

(4) 按每缸气门数分为:两气门、三气门、四气门、五气门等,如图4-5所示。

a) 两气门　　b) 三气门　　c) 四气门　　d) 五气门

图 4-5　气门数分类

5. 气门排列及其驱动装置

(1) 两气门的排列及驱动。

为改善换气,在可能的条件下,应尽量加大气门的直径,特别是进气门的直径。两气门结构发动机的进、排气门由一根凸轮轴进行驱动。

进排气道置于机体一侧,进气预热,提高汽油挥发性,有利于雾化。柴油机:置于机体两侧,防止进气预热,提高充气效率。

(2) 四气门的排列及驱动。

某些大排量、高转速、高功率的发动机,由于气门尺寸的限制,每缸两个气门不能满足换气的需要而采用三气门(两进一排)或四气门(两进两排)。必须有使两同名气门同步开闭的驱动装置,每缸采用四个气门时,其气门排列的方案有两种,如图4-6所示。

① 同名双列:同名气门排列成两列,由一个凸轮通过T形驱动杆同时驱动,并且所有气门都可以由一根凸轮轴驱动。

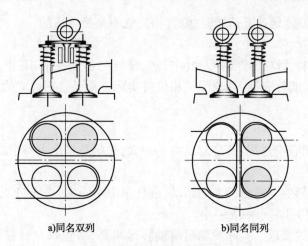

a)同名双列　　　　　　b)同名同列

图4-6　四气门的排列及驱动

②同名同列：同名气门排列成一列，进排气门分别为于曲轴中心线的一侧，分别采用两凸轮轴驱动，每缸两同名气门采用两个形状和位置相同的凸轮驱动。

二、配气相位

1．定义

用曲轴转角表示的进、排气门的实际开闭时刻和开启的持续时间。

2．配气相位图

用曲轴转角的环形图来表示配气相位，如图4-7所示。

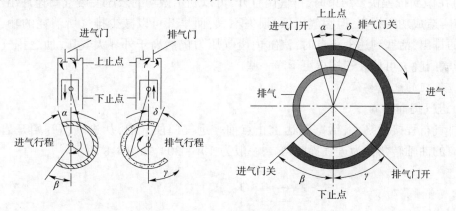

图4-7　配气相位图

3．配气相位对发动机工作的影响

影响发动机的动力性、排放性、功率。

4．发动机对配气相位的要求

（1）在发动机低速工作时减小气门提前开启角和滞后关闭角。

（2）在发动机高速工作时增大气门提前开启角和滞后关闭角。

（3）合理的配气相位是根据发动机的结构形式、转速等因素通过反复试验而确定的。结构不同，配气相位也不同。

目前，大多数发动机的配气相位是不能改变的。因此，发动机在这一转速下运转时，配气相位最合适,而在其他转速下运转时,配气相位就不是最合适的。

5. 理论上的配气相位分析

理论上进气、压缩、做功、排气各占180°,进、排气门都是在上、下止点开闭,延续时间都是曲轴转角180°。但实际表明,理论配气相位对实际工作是很不适应的,它不能满足发动机对进、排气的要求。

原因:

(1)气门的开、闭有个过程:开启总是由小→大;关闭总是由大→小,造成进气不足、排气不净。

(2)气体惯性的影响。随着活塞的运动,进气量由小→大,进气门开启由小→大→小;排气量由小→大,排气门开启小→大→小。

(3)发动机速度的要求。实际发动机曲轴转速很高,活塞每一行程历时都很短,当转速为5600r/min时一个行程只有60/(5600×2)=0.0054(s),就是转速为1500r/min,一个行程也只有0.02s,这样短的进气或排气过程,使发动机进气不足,排气不净。可见,理论上的配气相位不能满足发动机进饱排净的要求。

6. 实际的配气相位分析

(1)为了使进气充足,排气干净,使气门早开晚闭,延长进、排气时间。

(2)进气门早开,可使进气行程一开始就有一个较大的通道面积,可增加进气量。活塞到达进气下止点时,汽缸内气体压力仍然低于大气压,另外,此时进气流还有较大的惯性,加之活塞上行速度慢,因此进气门晚关,可以利用气压差和气流惯性增加进气量。

(3)在做功行程快要结束时,排气门打开,可以利用做功的余压使废气高速冲出汽缸,排气门早开,造成功率损失,但因气压低,损失不大,而早开可以减少排气所消耗的功,又有利于废气的排出,活塞到达上止点时,汽缸内废气压力仍然高于外界大气压,加之排气气流的惯性,排气门晚关可使废气排得更干净一些。

7. 进气门的配气相位

(1)进气提前角 α。

在排气行程接近终了,活塞到达上止点前。进气门便开启,从进气门开始开启到上止点所对应的曲轴转角称为进气提前角 α,一般为 10°~30°,如图4-8所示。

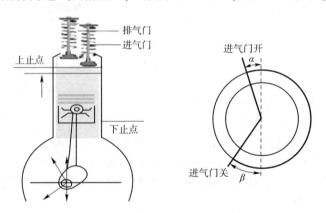

图 4-8 进气门的配气相位

目的:进气门早开,使得活塞到达上止点开始向下运动时,因进气门已有一定开度,所以可较快地获得较大的进气通道截面,减少进气阻力。

(2)进气滞后角 β。

在进气行程下止点过后,活塞重新上行一段后进气门才关闭,从下止点到进气门关闭所对应的曲轴转角称为进气延迟角 β,一般为 $40°\sim80°$,如图 4-8 所示。

目的:

①利用压力差继续进气:活塞到达下止点时,由于进气阻力的影响,汽缸内的压力仍低于大气压,进气门晚关,利用压力差可继续进气。

②利用进气惯性继续进气:活塞到达下止点时,进气气流还有相当大的惯性,进气门晚关,仍能继续进气。

下止点过后,随着活塞的上行,汽缸内压力逐渐增大,进气气流速度也逐渐减小,至流速等于零时,进气门便关闭的 β 角最适宜。若 β 过大便会将进入汽缸内的气体重新又压回进气管。进气过程持续时间相当于曲轴转角 $180°+\alpha+\beta$。

8. 排气门的配气相位

(1)排气提前角 γ。

在做功行程的后期,活塞到达下止点前气门便开启,从排气门开启到下止点所对应的曲轴转角称为排气提前角 γ,一般 γ 为 $40°\sim80°$,如图 4-9 所示。

目的:

①利用汽缸内的废气压力提前自由排气:恰当的排气门早开,汽缸内还有 $300\sim500\text{kPa}$ 的压力,做功作用已经不大,可利用此压力使汽缸内的废气迅速地自由排出。

②减少排气消耗的功率:提前排气,等活塞到达下止点时,汽缸内只剩下 $110\sim120\text{kPa}$ 的压力,使排气行程所消耗的功率大为减小。

③高温废气的早排,还可以防止发动机过热。

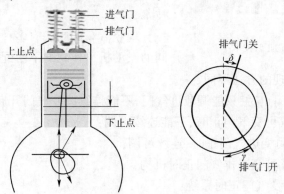

图 4-9 排气门的配气相位

(2)排气延迟角 δ。

在活塞越过上止点后,排气门才关闭,从上止点到排气门关闭所对应的曲轴转角称为排气延迟角 δ,一般 δ 为 $10°\sim30°$,如图 4-9 所示。

目的:

①利用缸内外压力差继续排气,活塞到达上止点时,汽缸内的压力仍高于大气压,利用

缸内外压力差可继续排气。

②利用惯性继续排气:活塞到达上止点时,废气气流有一定的惯性,利用惯性可继续排气。所以排气门适当晚关可使废气排得较干净。排气过程持续时间相当于曲轴转角 $180°+\gamma+\delta$。

9. 气门重叠角

(1)定义:由于进气门早开和排气门晚关,就出现了一段进排气门同时开启的现象,称为气门重叠。同时开启的角度,即进气门早开角与排气门晚关角的和($\alpha+\delta$),称为气门重叠角。

(2)为什么不产生废气倒排回进气管和新鲜气体随废气排出的问题?其原因是重叠时气门的开度较小,且新鲜气体和废气流的惯性要保持原来的流动方向,所以只要重叠角适当,就不会产生废气倒排回进气管和新鲜气体随废气排出的问题。

注意: 发动机的结构不同、转速不同,配气相位也就不同。

气门重叠角过大:小负荷运转时,由于进气管压力很低,易出现废气倒流。增压柴油机气门重叠角一般很大,因进气压力大,扫气时甚至有一部分新鲜空气从排气门排出。

三、发动机可变气门正时技术

发动机可变气门正时技术(VVT)是根据发动机的运行情况,调整进气(排气)的量,和气门开合时间、角度。使进入的空气量达到最佳,提高燃烧效率,如图4-10所示。

图4-10 可变气门正时技术

可变气门技术发展至今主要有两大分支:

(1)VVT(Variable Valve Timing)可变气门正时技术。

(2)VVL(Variable Valve Lift)可变气门升程技术。

现今汽车的叫法有多种,它们的目的都是给不同的发动机工作状况下匹配最佳的气门重叠角(气门正时),只不过所实现的方法不同。

(1)VVT:可变气门正时,只能调节进气门,不能连续改变气门开启的时间;

(2)DVVT:进排气可变气门正时,不能连续可调;

(3)CVVT:连续可变进气门正时,连续可调;

(4)D-CVVT:连续可变进排气门正时机构;

(5)VVTI:智能可变气门正时系统;

(6)VTEC:可变气门相位及升程控制系统。

可变式气门驱动机构就是在发动机急速工作时减少气门行程,而在发动机高速工作时增大气门行程,改变"重叠阶段"的时间,使发动机在高转速时能提供强大的功率,在低转速时又能产生足够的扭力。从而改善了发动机的工作性能。现代轿车发动机上的气门可变驱动机构能根据轿车的运行况,随时改变配气相位,改变气门升程和气门开启的持续时间,它们的凸轮轴、凸轮轴上的凸轮和气门挺杆等零件是可以变动的。

四、发动机正时齿形带的拆装

1. 正时齿形带的结构

发动机正时齿形带的结构如图4-11所示。

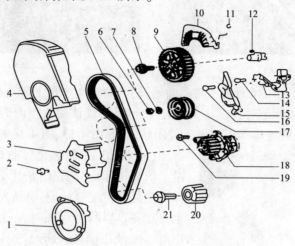

图4-11 正时齿形带及附件的分解图

1-正时齿形带下防护罩;2-中间防护罩螺栓(拧紧力矩10N·m);3-正时齿形带中间防护罩;4-正时齿形带上防护罩;5-正时齿形带;6-张紧轮固定螺栓(拧紧力矩15N·m);7-波纹垫圈;8-凸轮轴正时齿形带轮固定螺栓(拧紧力矩100N·m);9-凸轮轴正时齿形带轮;10-正时齿形带后上防护罩;11-防护固定螺栓(拧紧力矩10N·m);12-半圆键;13-霍尔传感器;14-螺栓(拧紧力矩10N·m);15-正时齿形带后防护罩;16-螺栓(拧紧力矩20N·m);17-半自动张紧轮;18-水泵;19-螺栓(拧紧力矩15N·m);20-曲轴正时齿形带轮;21-曲轴正时齿形带轮螺栓(拧紧力矩90N·m+1/4圈)

2. 正时齿形带作用

正时的意思是气门在正确的时间打开和关闭,即为"正确的时间"。正时齿形带是发动机配气机构系统的重要组成部分,通过与曲轴的连接并配合一定的传动比来保证进排气时间的准确。正时齿形带的作用就是当发动机运转时,活塞的行程(上下的运动)、气门的开启与关闭(时间)、点火的顺序(时刻)在正时齿形带的作用下,时刻保持"同步"运转。

正时齿形带属于橡胶部件,随着发动机工作时间的增加,正时齿形带和其附件,如张紧轮、张紧器和水泵都会发生磨损和老化。因此,凡是装有正时齿形带的发动机,厂家都会有严格要求,在规定的周期内定期更换正时齿形带及附件,更换周期随发动机的结构不同而不同,一般在车辆行驶到8万~10万km时应该更换,具体更换周期以车辆维护手册为准。

正时齿形带在长期使用过程中,会产生正常磨损和异常损伤,如果不能进行及时有效的检查、调整和更换,便有可能破坏活塞和气门的正常运动规律,甚至会出现活塞顶撞气门的严重机械事故,给发动机的工作带来严重影响。

3. 正时齿形带的拆装

(1)拆卸正时齿形带上端防护罩。正时齿形带的上中防护罩通过部分叠加交叉起来,拆卸时应注意观察两者间的配合关系,便于正确安装,如图4-12所示。

 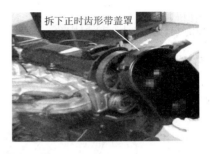

图4-12　上端防护罩

（2）确认配气正时。用扭力扳手转动曲轴，使凸轮轴齿形带上带有标记的带轮与正时齿形带后防护罩上的箭头标记对齐。这是一对配合标记，确认配气正时时，两者要对齐。当两者对齐时，发动机一缸的进排气门均处于关闭状态，如图4-13、图4-14所示。

（3）曲轴皮带轮标记。曲轴皮带轮上的内侧边沿上的缺口标记，与正时齿形带下防护罩上的箭头标记也是一对配合标记，确认发动机配气正时，两者也要对齐。当两者对齐时，一缸的活塞处于压缩上止点位置，如图4-15所示。

（4）拆卸曲轴皮带轮。在拆卸曲轴皮带轮时，可以有一名同学用扳手固定凸轮轴带轮，另一名同学拆卸曲轴皮带轮，也可以采用变速器挂入某一挡位，踩下制动踏板的方法固定曲轴。

图4-13　转动曲轴

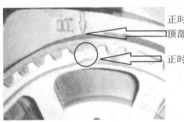 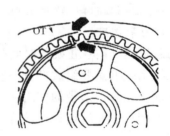

图4-14　凸轮轴带轮标记

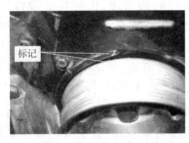 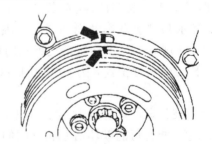

图4-15　曲轴皮带轮标记

（5）拆下中、下防护罩，如图4-16所示。

（6）在拆下皮带之前，请做好旋转方向标记，如图4-17所示。

（7）拆卸正时齿形带。

图 4-16　拆卸中下防护罩

正时齿形带轮张紧轮是一偏心轮,松开其固定螺栓后便自动减小或消除对正时齿形带的张紧力,便于取下正时齿形带,如图 4-18 所示。

图 4-17　做方向标记　　　　　　　图 4-18　张紧轮

松开张紧轮后,可取下正时齿形带,如图 4-19 所示。

图 4-19　取下正时齿形带

(8)检查正时齿形带、齿形带轮。

①正时齿形带的表面如果出现开裂、断层、断线,说明正时齿形带已经老化,不适合再继续使用,应更换,如图 4-20 所示。

如果到了使用极限,仍然继续使用就容易出现跳齿、折断,将破坏气门、活塞的运动规律,甚至会造成气门顶撞活塞的严重机械事故。

图 4-20　检查正时齿形带

②目视检查曲轴正时齿形带轮齿顶和齿根不应明显磨损和变形,如图 4-21 所示。

③目视检查凸轮轴正时齿形带轮齿顶和齿根不应明显磨损和变形,如图 4-22 所示。

图 4-21　检查曲轴正时齿形带轮　　　　　图 4-22　检查凸轮轴正时齿形带轮

④检查张紧轮。张紧轮应可以自由转动,接触面应无明显偏磨、凹陷等损伤,如图 4-23 所示。

(9)安装正时齿形带。

安装正时齿形带的步骤与拆卸的步骤基本相反。在安装时要保持双手干净,严禁将水、油等黏附到正时齿形带上。否则容易出现跳齿现象,破坏正常的发动机配气正时,使发动机输出功率下降或丧失。另外,油水等物质,也会加剧正时齿形带的磨损。

将正时齿形带安装在曲轴上,并套上正时齿形带下防护罩。要确保正时齿形带与曲轴正时齿形带轮的齿顶和齿根相互啮合,如图 4-24 所示。

图 4-23　检查张紧轮　　　　　　　　　　图 4-24　安装正时齿形带

(10)安装正时齿形带轮罩。

安装正时齿形带下护罩时,注意不要松开正时齿形带,否则不能保证齿形带和齿形带轮的相互啮合。

(11)安装曲轴皮带轮。

曲轴皮带轮和正时齿形带轮两者间通过定位孔和定位销来定位,一旦出现偏差,将会影响发动机配气正时的正确性,如图4-25所示。

图4-25 曲轴皮带轮定位孔

(12)正时齿形带的安装位置。

正时齿形带的安装位置可参照图4-26所示进行,凡是进行过与正时齿形带相关的修理工作后,都要按下述步骤对正时齿形带进行调整。

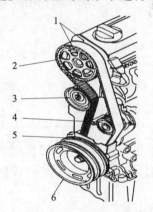

图4-26 正时齿形带的安装

1-凸轮轴正时记号;2-凸轮轴皮带轮;3-半自动张紧轮;4-水泵皮带轮;5-曲轴正时记号;6-曲轴皮带轮

在安装过程中要注意正时记号,如果正时记号不正确,应先转动凸轮轴的齿形带轮(此时曲轴不应在上止点的位置),使凸轮轴上的标记对齐顶部护罩上的标记,再使曲轴皮带轮上的标记对齐下护罩上的标记。这样做的目的是避免气门与活塞发生运动干涉。

注意:转动曲轴皮带轮时,要用手抓紧齿形带,保持齿形带与齿形带轮正确接触,否则正时齿形带松脱受到挤压,容易损坏正时齿形带。

(13)安装半自动张紧轮。

将正时齿形带安装到张紧轮和凸轮轴正时齿形带轮上。注意半自动张紧轮的位置,如图4-27箭头所示,必须嵌入汽缸盖上的缺口内。

用专用工具T10020按图4-28箭头所示方向旋转张紧轮上的偏心部分,直到指针1和基准点2对齐,将张紧轮上锁紧螺母以45N·m的力矩拧紧。

图 4-27 正时齿形带的安装

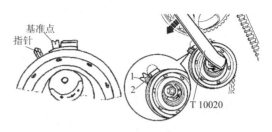

图 4-28 用专用工具安装半自动张紧轮
1-指针；2-基准点

注意：张紧齿形带时，只需将张紧轮指针与基准点对齐，张紧度可靠张紧轮上的弹簧自动调整。

（14）重复以下步骤，直到齿形带到位：

①用专用工具 T10020 按图 4-28 所示方向旋转张紧轮上的偏心部分，直到指针 1 和基准点 2 对齐。

②用 20N·m 的力矩拧紧固定螺母。

③将曲轴沿发动机旋转方向继续转动两圈，直至发动机再次停到 1 缸上止点，同时重要的是，最后旋转的 45°不能中断。

④再次检查齿形带是否张紧，指针和基准点对齐。

⑤再次检查曲轴和凸轮轴标记是否对齐。

⑥如果标记无法对齐，重复以上步骤以张紧齿形带。

⑦如果标记对齐，紧固张紧轮固定螺栓，力矩为 45N·m。

（15）检查半自动张紧轮。

正时齿形带已安装并张紧时，拆下正时齿形带上防护罩，用拇指用力弯曲正时齿形带，指针应该移向一侧，如图 4-29 所示。当放松正时齿形带时，张紧轮应该回到初始位置（基准点和指针重叠）。

转动张紧轮时，不应该有异响、摆动、发卡等现象。

（16）正时齿形带的检查。

装配好后，应检查正时齿形带的张紧度，过大或过小均会带来不利影响，如图 4-30 所示。

图 4-29 检查半自动张紧轮

图 4-30 检查半自动张紧轮

正时齿形带的检查：翻转时，能翻转90°为合适；下压齿形带，挠度为10～15mm。可根据检查情况更换齿形带或张紧轮。

思考与练习

一、填空题

1. 配气机构按凸轮轴布置的形式分为_____、_____和_____。
2. 配气机构按凸轮轴传动的形式分为_____、_____和_____。
3. 配气机构由_____和_____两部分组成。
4. 理论上进气、压缩、做功、排气四个行程各占_____°曲轴转角。
5. 写出图4-31部件的名称。

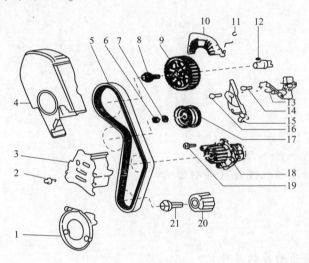

图4-31　习题图1

1. _____;2. _____;3. _____;
4. _____;5. _____;6. _____;
7. _____;8. _____;9. _____;
10. _____;11. _____;12. _____;
13. _____;14. _____;15. _____;
16. _____;17. _____;18. _____;
19. _____;20. _____;21. _____。

二、判断题

1. 五气门式的气门布置一般是两进气，三排气。（　　）
2. 活塞到达上止点时，废气气流有一定的惯性，利用惯性可继续排气。所以排气门适当晚关可使废气排得较干净。（　　）
3. 发动机的结构不同，转速不同，配气相位图也不同。（　　）
4. 目前，大多数发动机的配气相位是不能改变的。（　　）
5. 若气门重叠角过小，会造成排气不彻底和进气量减少。（　　）

三、名词解释

1. 同名同列

2. 配气相位

3. 气门重叠角

4. 进气提前角

四、简答题

1. 气门重叠角对发动机性能有哪些影响？

2. 增大排气提前角的目的是什么？

3. 画出配气相位图。

项目五　变速传力总成结构特点认知

学习目标

完成本项目学习后,你应能:
1. 说出汽车传动系统的组成和功用;
2. 说出离合器的组成和功用;
3. 说出变速器的组成和功用;
4. 说出驱动桥的组成和功用。

建议学时

6学时。

一、汽车传动系统

(一)传动系统的组成

机械式传动系统主要由离合器、变速器、万向传动装置和驱动桥组成。其中万向传动装置由万向节和传动轴组成,驱动桥由主减速器和差速器组成,如图5-1所示。

图 5-1　传动系统

(二)传动系统的功用

(1)减速增矩。发动机输出的动力具有转速高、转矩小的特点,无法满足汽车行驶的基本需要,通过传动系统的主减速器,可以达到减速增矩的目的,即传给驱动轮的动力比发动机输出的动力转速低,转矩大。

(2)变速变矩。发动机的最佳工作转速范围很小,但汽车行驶的速度和需要克服的阻力却在很大范围内变化,通过传动系统的变速器,可以在发动机工作范围变化不大的情况下,满足汽车行驶速度变化大和克服各种行驶阻力的需要。

(3)实现倒车。发动机不能反转,但汽车除了前进外,还要倒车,在变速器中设置倒挡,汽车就可以实现倒车。

(4)必要时中断传动系统的动力传递:起动发动机、换挡过程中、行驶途中短时间停车(如等候交通信号灯)、汽车低速滑行等情况下,都需要中断传动系统的动力传递,利用变速器的空挡可以中断动力传递。

(5)差速功能。在汽车转向等情况下,需要两驱动轮能以不同转速转动,通过驱动桥中的差速器可以实现差速功能。

二、离合器

(一)离合器(以汽车上使用最多的摩擦式离合器为例)

什么是离合器:分离、接合的零部件总成,如图 5-2 所示。

离合器的安装位置:位于发动机与变速器之间。

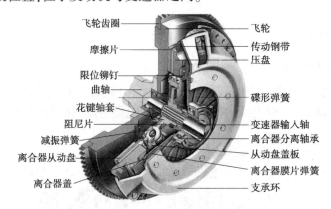

图 5-2　干式摩擦离合器

(二)离合器的功用

(1)使发动机与传动系统逐渐接合,保证汽车平稳起步。

(2)暂时切断发动机的动力传动,保证变速器换挡平顺。

(3)限制所传递的转矩,防止传动系统过载。

(三)摩擦离合器的基本组成和工作原理

1. 基本组成

离合器的基本组成如图 5-3 所示。

(1)主动部分:飞轮、离合器盖、压盘。

(2)从动部分:从动盘、从动轴。

(3)压紧机构:压紧弹簧。

(4)操纵机构:离合器踏板、分离拉杆、分离叉、分离轴承、分离杠杆等。

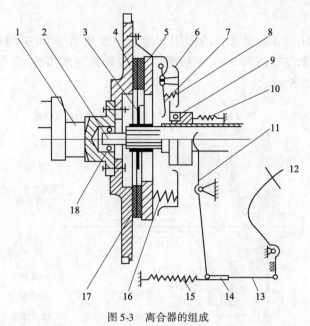

图 5-3 离合器的组成

1-曲轴；2-从动轴（变速器一轴）；3-从动盘；4-飞轮；5-压盘；6-离合器盖；7-分离杠杆；8-复位弹簧；9-分离轴承和分离套筒；10-复位弹簧；11-分离叉；12-离合器踏板；13-分离拉杆；14-拉杆调节叉；15-复位弹簧；16-压紧弹簧；17-从动盘摩擦片；18-轴承

2. 工作原理

摩擦离合器依靠摩擦原理传递发动机动力。当从动盘与飞轮之间有间隙时，飞轮不能带动从动盘旋转，离合器处于分离状态。当压紧力将从动盘压向飞轮后，飞轮表面对从动盘表面的摩擦力带动从动盘旋转，离合器处于接合状态。

（1）接合状态。

飞轮、压盘、从动盘三者在压紧弹簧的作用下压紧在一起，发动机的转矩经飞轮、压盘通过摩擦力矩传至从动盘，再经从动轴（变速器的一轴）向变速器传递动力。

（2）分离过程。

踩下离合器踏板，分离拉杆右移，分离叉推动分离套筒左移，通过分离轴承使分离杠杆内端左移、外端右移，使压盘克服弹簧右移，离合器主、从动部分分离，中断动力传动，如图5-4所示。

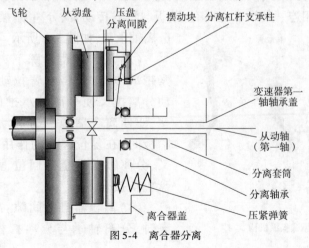

图 5-4 离合器分离

(3)接合过程。

缓慢抬起踏板,压盘在压紧弹簧的作用下逐渐压紧从动盘,传递的转矩逐渐增加,从动盘开始转动,但仍小于飞轮转速,压力不断增加,二者转速逐渐接近,直至相等,打滑消失,离合器完全接合,如图5-5所示。

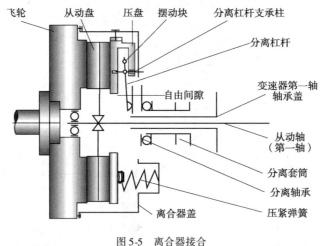

图5-5 离合器接合

(四)对摩擦离合器的基本性能要求

(1)分离彻底,便于变速器换挡。
(2)接合柔和,保证整车平稳起步。
(3)从动部分转动惯量尽量小,减轻换挡时齿轮的冲击。
(4)散热良好,保证离合器正常工作。

(五)离合器操纵机构

1. 机械式操纵机构

(1)离合器操纵机构是驾驶人用来控制离合器的接合与分离程度的机构,其中机械式操纵机构完全靠机械部件来传递踏板力,实现控制离合器的目的。这种操纵机构结构简单、布置方便,但能传递的力较小,只宜应用在微型及轻型汽车上,离合器踏板和分离轴承之间通过机械杆件和绳索相连。其组成主要有:踏板、拉索、传动臂、分离轴、复位弹簧、分离拨叉、分离轴承等,如图5-6所示。

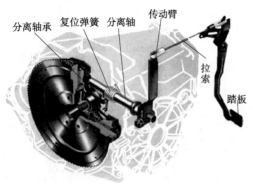

图5-6 机械式操纵机构

(2)工作过程。踩下离合器踏板,通过拉索带动传动臂,传动臂拉动分离轴,分离轴带动分离拨叉使分离轴承推向离合器的膜片弹簧,驱使离合器压盘与从动盘实现分离;松开踏板时,在复位弹簧的作用下,分离轴、分离拨叉、分离轴承等全部回位,离合器压盘与从动盘重新接合。

(3)离合器自由间隙:离合器处于接合状态时,分离轴承与分离杠杆内端之间预留的间隙。

自由间隙的作用:防止从动盘摩擦片磨损变薄后压盘不能向前移动而造成离合器打滑。

离合器踏板的自由行程:消除离合器的自由间隙和分离机构、操纵机构零件的弹性变形所需要的离合器踏板的行程。

分离间隙:离合器分离后,从动盘前后端面与飞轮及压盘表面间的间隙。

离合器踏板工作行程:消除自由间隙后,继续踩下离合器踏板,将会产生分离间隙,此过程所对应的踏板行程是工作行程。

(4)离合器都是由驾驶人踩脚踏板操作,为减轻驾驶人的疲劳,要求踏板力尽可能小,乘用车一般在80~130N,商用车在150~200N;踏板中行程也不宜过大,一般在80~150mm范围内,最大不应超过180mm。

2.液压式离合器操纵机构

液压式离合器操纵机构由离合器踏板、主缸、储液罐、工作缸及油管等机件组成。

离合器踏板和分离轴承之间通过主缸、工作缸及液压管路相连,离合器依靠人力产生的液压力控制,如图5-7所示。

图5-7所示是该操纵机构的原理图,当踏下离合器踏板时,离合器踏板推动主缸活塞,将液压油推出主缸,沿着油管进入工作缸内,推动活塞,经工作缸推杆推动分离叉,推移分离轴承等使离合器分离。当放开离合器踏板时,复位弹簧带动工作缸推杆将液压油推回主缸内,在离合器踏板复位弹簧和主缸液压油的作用下,离合器踏板回位,这就实现了离合器的接合。

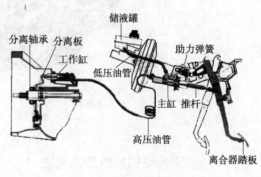

图5-7 液压式操纵机构

三、变速传动机构

(一)变速器的作用

汽车变速器是通过改变传动比,改变发动机曲轴的扭力,适应在起步、加速、行驶以及克服各种道路阻碍等不同行驶条件下对驱动车轮的牵引力及车速的不同需要的装置。

1.改变传动比

满足不同行驶条件对牵引力的需要,使发动机尽量工作在有利的工况下,满足可能的行驶速度要求。在较大范围内改变汽车行驶速度的大小和汽车驱动轮上转矩的大小。由于汽车行驶条件不同,要求汽车行驶速度和驱动转矩能在很大范围内变化。例如,在高速路上车速应能达到100km/h,而在市区内,车速常在50km/h左右。空车在平直的公路上行驶时,行驶阻力很小,而当满载上坡时,行驶阻力便很大。而汽车发动机的特性是转速变化范围较小,而转矩变化范围更不能满足实际路况需要。

2.实现倒车行驶

用来满足汽车倒退行驶的需要。实现倒车行驶汽车,发动机曲轴一般都是只能向一个方向转动的,而汽车有时需要能倒退行驶,因此,往往利用变速器中设置的倒挡来实现汽车倒车行驶。

3. 中断动力传递

在发动机起动、怠速运转、汽车换挡或需要停车进行动力输出时,中断向驱动轮的动力传递。

4. 实现空挡

当离合器接合时,变速器可以不输出动力。例如,可以保证驾驶人在发动机不熄火时松开离合器踏板离开驾驶人座位。

(二)变速传动机构的组成

变速传动机构主要由齿轮、轴及变速器壳体等零部件组成,如图 5-8 所示。

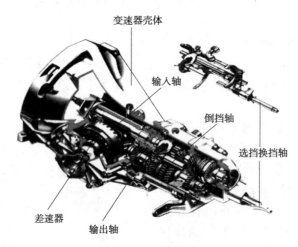

图 5-8 变速传动机构

(三)变速传动机构的工作原理

1. 变速原理

利用不同齿数的齿轮对相互啮合,以改变变速器的传动比,如图 5-9 所示。

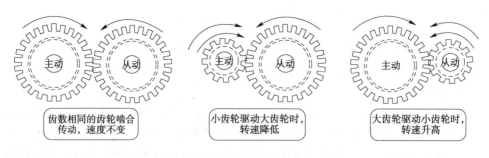

图 5-9 变速原理

2. 变向原理

通过增加齿轮传动的对数,以实现倒挡。前进挡时,动力由第一轴直接传给第二轴,只经过一对齿轮传动,两轴转动方向相反。倒挡时,动力由第一轴传给倒挡轴、再由倒挡轴传给第二轴,经过两对齿轮传动,第一轴与第二轴转动方向相同,如图 5-10 所示。

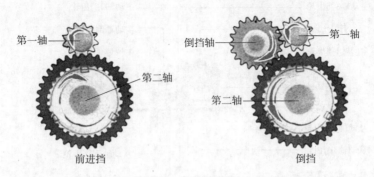

图 5-10　变向原理

(四) 两轴式手动变速器

两轴是指汽车前进时,传递动力的轴只有第一轴和第二轴。两轴式变速器是目前轿车上应用最广泛的一种手动变速器,如图 5-11 所示。

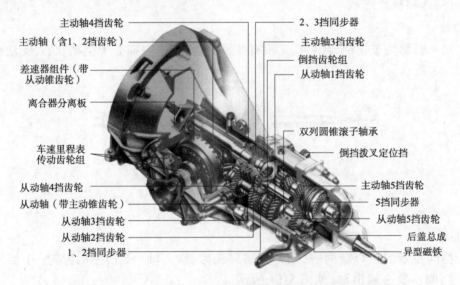

图 5-11　5 前 1 倒式手动变速器

两轴式变速器变速传动机构主要由第一轴(即动力输入轴)、第二轴(即动力输出轴)、倒挡轴、各挡齿轮及变速器壳体所构成。大部分轿车都采用两轴式变速器。

1. 输入轴总成

变速器的输入轴也就是离合器的输出轴,其前端通过轴承支承在发动机曲轴后,轴上有 1~5 挡主动齿轮和倒挡齿轮以及 3、4 挡和 5 挡同步器,2 挡主动齿轮、倒挡主动齿轮、1 挡主动齿轮与轴制成一体,3、4、5 挡主动齿轮及 5 挡同步器都通过轴承支承在输入轴上,3、4 挡同步器和 5 挡齿轮都通过花键固定在输入轴上,如图 5-11 所示。

2. 输出轴总成

输出轴与主减速器主动锥齿轮制成一体,其上相应地有主减速器主动锥齿轮、1~5 挡从动齿轮和 1、2 挡同步器,3、4、5 挡从动齿轮及 1、2 挡同步器与输出轴制成一体,1、2 挡从动齿轮通过轴承支承在输出轴上,如图 5-12 所示。

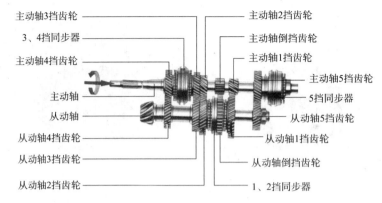

图 5-12 输入输出轴总成

3. 倒挡轴总成

倒挡齿轮轴压装于后壳体中。倒挡齿轮与轴径向间隙配合,轴向也是间隙配合。

(五)变速器换挡过程

1. 空挡

3 个接合套都位于花键毂中央、又没有挂倒挡时,变速器即处于空挡状态,无法传递动力,如图 5-13 所示。

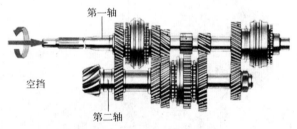

图 5-13 空挡

2. 1 挡

1-2 挡同步器的接合套向右,动力传递路线为:输入轴→1 挡主动齿轮→1 挡从动齿轮→1-2 挡同步器→输出轴,如图 5-14 所示。

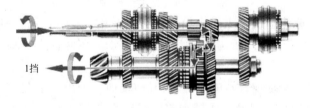

图 5-14 1 挡

3. 2 挡

1-2 挡同步器的接合套向左移动,动力传递路线为:输入轴→2 挡主动齿轮→2 挡从动齿轮→1-2 挡同步器→输出轴。

4. 3 挡

3-4 挡同步器的接合套向右移动,动力传递路线为:输入轴→3-4 挡同步器→3 挡主动齿轮→3 挡从动齿轮→输出轴,如图 5-15 所示。

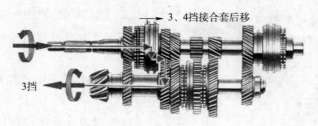

图 5-15　3 挡

5. 4 挡

3-4 挡同步器的接合套向右移动,动力传递路线为:输入轴→3-4 挡同步器→4 挡主动齿轮→4 挡从动齿轮→输出轴。

6. 5 挡

动力传递路线为:输入轴→5 挡同步器→5 挡主动齿轮→5 挡从动齿轮→输出轴。5 挡同步器接合套向右移动,如图 5-16 所示。

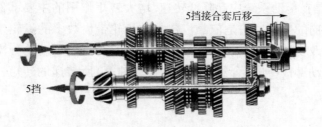

图 5-16　5 挡

7. 倒挡

倒挡惰轮向右移动,同时与倒挡主、从动齿轮啮合。动力传递为:经过 2 对外啮合齿轮传动,因此输出轴转向与前进各挡位相反,从而实现倒车。动力传递路线为:一轴→倒挡主动齿轮→倒挡惰轮→倒挡从动齿轮→输出轴,如图 5-17 所示。

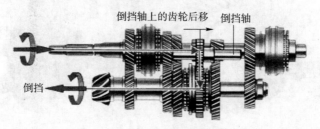

图 5-17　倒挡

四、驱动桥

(一)驱动桥的组成

驱动桥是位于传动系统末端能改变来自变速器的转速和转矩,并将它们传递给驱动轮的机构。驱动桥一般由主减速器、差速器、车轮传动装置和驱动桥壳等组成,转向驱动桥还有等速万向节。另外,驱动桥还要承受作用于路面和车架或车身之间的垂直力、纵向力和横向力,以及制动力矩和反作用力,如图 5-18 所示。

图 5-18 驱动桥

(二)驱动桥的功用

(1)通过主减速器齿轮的传动,降低转速,增大转矩。

(2)主减速器采用锥齿轮传动,改变转矩的传递方向。

(3)通过差速器可以使内外侧车轮以不同转速转动,适应汽车的转向要求。

(4)通过桥壳和车轮,实现承载及传力作用。

(三)主减速器

(1)主减速器是在驱动桥内能够将转矩和转速改变的机构。主减速器由一对或几对减速齿轮副构成,动力由主动齿轮输入经从动齿轮输出。如图5-19所示。

(2)主减速器是在传动系统中起降低转速、增大转矩作用的主要部件,当发动机纵置时还具有改变转矩方向的作用。它是依靠齿数少的齿轮带齿数多的齿轮来实现减速的,采用锥齿轮传动则可以改变转矩方向。将主减速器布置在动力向驱动轮分流之前的位置,有利于减小其前面的传动部件(如离合器、变速器、传动轴等)所传递的转矩,从而减小这些部件的尺寸和质量。

(四)差速器

(1)汽车差速器是驱动桥的主要部件。差速器的功用是既能向两侧驱动轮传递转矩,又能使两侧驱动轮以不同转速转动,以满足转向等情况下两边车轮尽可能以纯滚动的形式作不等距行驶,减少轮胎与地面的摩擦的需要,如图5-20所示。

图 5-19 主减速器

图 5-20 差速器

从汽车转向时驱动轮的运动示意图可以看出,转向时外侧车轮滚过的路程长,内侧车轮滚过的路程短,要求外侧车轮转速快于内侧车轮,即希望内外侧车轮转速不同。

(2)组成:差速器壳体、行星齿轮、半轴齿轮、行星齿轮轴等,如图5-21所示。

(3)差速器的位置处于传动轴与左右半轴的交汇点,从变速器输出的动力在这里被分配到左右两个半轴。我们都知道汽车在直线行驶时左右两个驱动轮的转速是相同的,但在转弯时两边车轮行驶的距离不是等长的,因此车轮的转速肯定也会不同。差速器的作用就在于允许左右两边的驱动轮以不同的转速运行,如图5-22所示。

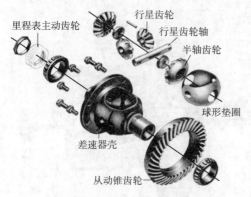
图 5-21　差速器-组成

图 5-22　差速器的位置
1-传动轴；2、4-半轴齿轮；3-行星齿轮

整个差速器系统的核心是四个齿轮：两个行星齿轮和两个与传动轴相连的半轴齿轮。这四个齿轮都在差速器壳内，这个壳体连接着传动轴（图中1），本身也要转动，在行驶时它的转动方向与车轮转动方向相同。

我们可以用一个球体来解释差速器问题。我们假设这个球体和地球一样有两个极点，并且以两极的连线为轴进行自传，这个球体可以理解为差速器壳体，这个壳体的两极连接的就是汽车的左右半轴。这里安装着两个半轴齿轮，两齿轮中心的连线就是差速器壳体转动的轴线（图中2、4）。

除了两个半轴齿轮外还有两个行星齿轮（图中3）。拿刚才所说的球体来举例，两个齿轮是对向安装并且与半轴齿轮垂直，相当于6点钟和12点钟位置。这两个齿轮经常要朝相反方向转动，从而实现差速作用。壳体在自传过程中会带着两个齿轮作公转。

这四个齿轮虽然安装在壳体内部但都是可以独立于差速器壳体转动的，只不过它们相互啮合在一起，每个齿轮的两边都啮合着另外两个齿轮（每个半轴齿轮都啮合着两个行星齿轮，每个行星齿轮都啮合着两个半轴齿轮），只要其中一个齿轮转动都会牵扯到其他三个齿轮一起转动，而且其中一个齿轮朝某个方向转动，与它相对的另一边齿轮必定朝反方向转动。这个现象可以通过实验来证实：如果把一辆车的两个驱动轮都悬空，转动一边的车轮，另一侧车轮会朝相反方向转动。

(4) 差速器的运作原理。

①直线行驶时的特点是左右两边驱动轮的阻力大致相同。从发动机输出的动力首先传递到差速器壳体上使差速器壳体开始转动。接下来要把动力从壳体传递到左右半轴上，可以理解为两边的半轴齿轮互相在"较劲"，由于两边车轮阻力相同，因此二者谁也掰不过对方，因此差速器壳体内的行星齿轮跟着壳体公转同时不会产生自转，两个行星齿轮啮合着两个半轴齿轮以相同的速度转动，这样汽车就可以直线行驶了，如图5-23所示。

②假设车辆现在向左转，左侧驱动轮行驶的距离短，相对来说会产生更大的阻力。差速器壳体通过齿轮和输出轴相连，在传动轴转速不变情况下差速器壳体的转速也不变，因此左侧半轴齿轮会比差速器壳体转得慢，这就相当于行星齿轮带动左侧半轴会更费力，这时行星齿轮就会产生自传，把更多的转矩传递到右侧半轴齿轮上，由于行星齿轮的公转外加自身的自传，导致右侧半轴齿轮会在差速器壳体转速的基础上增速，这样一来右车轮就比左车轮转

得快,从而使车辆实现顺滑的转弯,如图5-24所示。

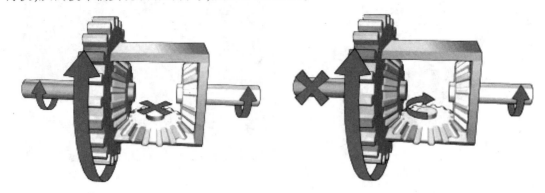

图5-23　直线行驶差速器运动　　　　　图5-24　左转差速器运动

(5)差速器对越野性能的影响。由于差速器允许车轮以不同转速转动,所以在泥泞等路面,当一个车轮打滑时,动力全部消耗在飞快转动的打滑车轮上了,其他车轮会失去动力。通俗的话说,差速器是让车辆转弯时候内外轮有轮速差用的,否则车辆转弯就会困难,但是差速器在越野道路上就是帮倒忙的。因此,在四驱车上,还需配有限制和防止打滑的装置,如差速锁、限滑差速器、牵引力控制系统等。

(五)万向传动装置

由于汽车布置、设计等原因,变速器输出轴和驱动桥输入轴不可能在同一轴线上,并且变速器虽然是安装在车架(车身)上,可以认为位置是不动的,但驱动桥会由于悬架的变形而引起其位置经常发生变化,所以在变速器和驱动桥之间装有万向传动装置可以满足这些使用、设计的要求。

1.半轴

(1)半轴又称驱动轴(图5-25),是将差速器与驱动轮连接起来的轴。半轴是变速器减速器与驱动轮之间传递转矩的轴,其内外端各有一个万向节,分别通过万向节上的花键与减速器齿轮及轮毂轴承内圈连接。

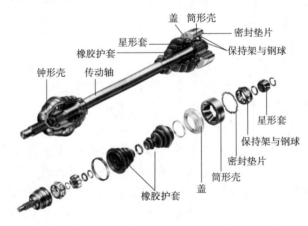

图5-25　半轴

(2)现代汽车常用的半轴,根据其支承形式不同,有全浮式和半浮式两种。

①全浮式半轴：只传递转矩，不承受任何反力和弯矩，因而广泛应用于各类汽车上。全浮式半轴易于拆装，只需拧下半轴凸缘上的螺栓即可抽出半轴，而车轮与桥壳照样能支持汽车，从而给汽车维护带来方便。

②半浮式半轴：既传递转矩又承受全部反力和弯矩。支承结构简单、成本低，因而被广泛用于反力和弯矩较小的各类轿车上。但半轴支承拆取麻烦，且汽车行驶中若半轴折断则易造成车轮飞脱的危险。

2. 球笼式万向节

球笼式万向节是轿车传动系统中的重要部件，是一类容许两相交轴间有较大角位移的联轴器，是目前应用最为广泛的等速万向节。其作用是连接不同心、有夹角且夹角不断变化的两传动轴，将发动机的动力从变速器传递到两个前车轮，驱动轿车高速行驶，如图5-26所示。

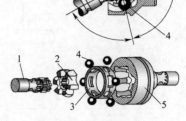

图5-26 球笼式万向节
1-转动轴；2-星形套（内滚道）；3-保持架（球笼）；4-钢球；5-球形壳

思考与练习

一、填空题

1. 传动系统的功用：_____、_____、_____、_____、_____。
2. 摩擦离合器的基本组成：_____部分、_____部分、_____机构、_____机构。
3. 图5-27中，A驱动B时，转速_____，转动方向_____；B驱动A时，转速_____，转动方向_____。C驱动E时，转速_____，转动方向_____。

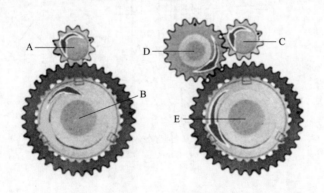

图5-27 习题图1

4. 差速器的功用是既能向两侧驱动轮_____，又能使两侧驱动轮以_____转速转动，以满足转向等情况下两边车轮尽可能以_____的形式作不等距行驶，减少轮胎与地面摩擦的需要。

5. 变速器能同时挂上两个挡位，说明变速器的_____失效。

二、看图填空

1. 看图5-28填空。

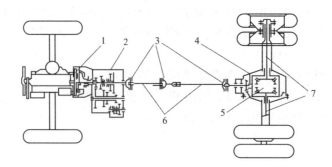

图 5-28 习题图 2

1. _____;2. _____;3. _____;
4. _____;5. _____;6. _____;
7. _____。

2. 看图 5-29 填空。

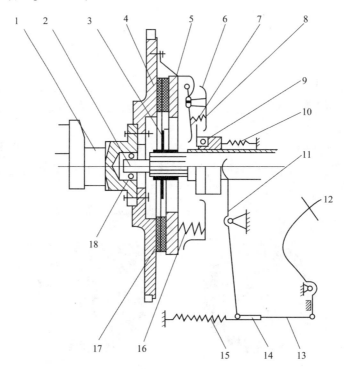

图 5-29 习题图 3

1. _____;2. _____;3. _____;4. _____;
5. _____;6. _____;7. _____;8. _____;
9. _____;10. _____;11. _____;12. _____;
13. _____;14. _____;15. _____;16. _____;
17. _____;18. _____。

3. 看图 5-30 填空。

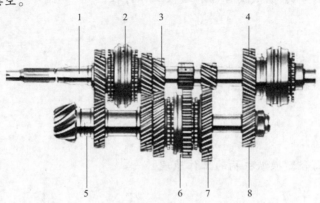

图 5-30 习题图 4

1._____;2._____;3._____;4._____;
5._____;6._____;7._____;8._____。

4. 看图 5-31 填空。

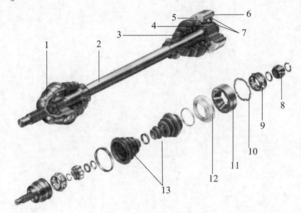

图 5-31 习题图 5

1._____;2._____;3._____;4._____;
5._____;6._____;7._____;8._____;
9._____;10._____;11._____;12._____;
13._____。

三、简答题

1. 传动系统的减速增矩和变速变矩是什么意思？

2. 简述离合器的接合过程。

3. 什么是离合器分离间隙、离合器和踏板工作行程？

4. 变速器的功用是什么？

5. 简述液压式离合器操纵机构的工作原理。

项目六　变速传力总成的拆卸与装配

学习目标

完成本项目学习后,你应能:
1. 说出 O20 变速器及配套离合器的拆装步骤;
2. 说出驱动桥的拆装步骤。

建议学时
6 学时。

在车辆的使用过程中,随着行驶里程数的增加,手动变速器机械故障的发生概率也随之增加。一般情况下,手动变速器机械故障的诊断排除,往往需要对其进行解体检修。

一、汽车变速传力总成的拆装注意事项

(1)拧下放油螺塞,放净变速器中的润滑油,再拧好放油螺塞。
(2)清洗外部的油泥和污物,注意防护。
(3)找一个干净无灰尘的场地,利用拆卸工具和铜棒,开始拆卸。
(4)拆卸零件时,先看好零件原始的方向和位置后再拆卸,必要时,做好记录;拆下的零件按拆卸先后顺序,分部位排放整齐,必要时可用线或铁丝将各零件按顺序串在一起;齿轮可按原方向和位置套在轴上,以防装错或漏装。
(5)拆卸的所有零件都应该清洗干净,并作相应检查,不能继续使用的应该予以更换;拆卸过的油封、密封垫一般不应该继续使用,应该更换。
(6)安装前各轴承、油封、轴上的键槽、齿轮的内孔、轴承孔、齿轮与齿轮间涂上齿轮油。
(7)安装顺序与拆卸顺序相反,即后拆下的零件先装,使全部零件都安装到原来的位置上,安装过程中要常转动配合件,注意油封的方向且不得有破损。
(8)在安装变速器盖前,应检查场地有无漏装的零件,各轴及固定齿轮是否有轴向窜动,各处衬垫是否完好,各对啮合齿轮是否在全部齿宽内啮合;用手拨动滑动齿轮,看能否轴向移动到全齿宽啮合;用手转动第一轴,分别试一下各挡,都应能灵活平稳转动,无卡滞现象。按规定在变速器壳体内加入适量的润滑油。
(9)安装好后,要进行试运转,各挡应能灵活转动,无渗油、漏油和卡滞现象,在任何挡位下不允许有跳挡、乱挡现象,换挡时应轻便自如,不得有不正常响声和过热现象。

二、具体部件操作注意事项

1. 变速器

(1)在安装轴承座时必须清洁接触表面,接触面必须无蜡和油脂。

(2)在更换变速器时,必须检查油面,必要时补充。

(3)加注量和规格请见相关维修手册。

(4)在安装变速器前,确定定位销已正确安装。

2. 衬垫、油封

(1)O形圈、油封、垫圈应该每次拆装更新。

(2)轴油封装入前,在外径上涂上一层薄油,在唇形密封圈之间的空隙内填至半满润滑油脂。轴油封装入后,检查变速器的油面,必要时须添加到注油口边缘。

(3)接合面须保持清洁。密封剂应涂均匀,不要太厚,且通气孔应保持通畅。

(4)彻底清洁接合面并涂上密封剂 AMV 188 200 03。涂密封剂时注意均匀。

(5)更换O形圈、油封、垫圈后,必须检查齿轮油油面。

3. 挡圈、锁圈

(1)修理中须调整挡圈及锁圈。不要将挡圈拉开过度。

(2)安装时必须将挡圈、锁圈放在规定的槽内并且就位。

(3)每次修理应更换弹簧销,其安装位置在纵向槽内。

(4)敲进或敲出换挡拨叉夹紧套筒时要用锤子顶住,以免拨叉轴滑槽变形。

4. 螺栓、螺母

(1)固定盖和罩壳的螺栓和螺母应交叉拧紧和拧松。对于特别易损的部件,例如:离合器压盘要摆正,并逐步对角拧紧和拧松。

(2)按规定的力矩拧紧自锁螺栓和螺母。

(3)对所有的螺栓连接,需确认接触面、螺栓和螺母,如有必要,在装配后打蜡。

(4)用钢丝刷清洁用过固化剂螺栓螺纹,然后在螺栓上涂上固化剂 D197 300 A2,再旋入螺栓。

(5)那些带过涂了固化剂螺栓的螺纹孔,必须用毛刷清理固化剂残留物。否则,下一次螺栓拆下时会损害螺纹孔上的螺纹。

5. 轴承

(1)将有标志的一面的滚针轴承(壁厚较大)朝向安装工具。

(2)在轴与轴承之间涂一层润滑油。

(3)变速器内的全部轴承都要使用变速器油。摩擦力矩应予以检查,注油时要特别小心。

(4)安装配套供货的新滚锥轴承,但不要额外进行润滑。

(5)安装在一根轴上的几个滚锥轴承必须成套更换。使用一个制造商的轴承。

(6)轴承的外座圈和内座圈尺寸相同,不要混淆。轴承是配对使用的。

(7)飞轮上用于变速器输入轴支撑的滚柱轴承要注意涂油脂。

(8)将轴承装入变速器壳体时要涂抹齿轮油。

6.润滑油

该变速器不需换油,只有当进行某些需放油修理时,才更换。

7.调整垫片

(1)用千分尺多点检测调整垫片不同的公差,可以精确地测出所需的垫片的厚度。

(2)检查边缘是否有损坏。只准装入完好的调整垫片。

8.同步环

(1)不可互换。

(2)若再次使用旧同步环,应装在同一齿轮上。

三、020变速器结构、原理

(1)作用:改变传动比,扩大汽车牵引力和速度的变化范围,以适应汽车不同条件的需要,使发动机在有利的情况下工作;发动机曲轴旋转方向不改变的条件下,使汽车能倒退行驶;利用空挡中断发动机向驱动轮的动力传递,以使发动机能够起动。便于换挡和独立输出。

020变速器,如图6-1所示,与1.6L、1.8L发动机相匹配,用于高尔夫、捷达、宝来轿车上。使用GL4或G50润滑油。

图6-1 020变速器

(2)特点:挂挡机构是机械杠杆式;分离轴承和分离杠杆位于变速器上壳内;发动机的动力通过减速直接传给前轮,功率损失小,传动效率高;具有5个前进挡和1个倒挡,5个前进挡全带有同步器,取消了中间轴,只有输出轴和输入轴,充分利用了变速器壳体,结构紧凑,所有前进挡均有一对常啮合齿轮传动,传动效率高,由于采用了同步器,使换挡迅速,操作轻便,同时减少了接合时的冲击和噪声,提高了变速器的使用寿命。

(3)换挡操纵机构,内部:选挡换挡器,位置如图6-2中箭头处。

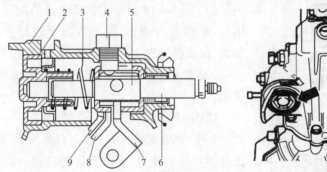

图6-2 选挡换挡器

1-端盖;2-挡油板;3-弹簧;4-止动螺栓;5-卡槽元件;6-选挡换挡轴;7-3/4挡拨叉;8-1/2挡拨叉;9-倒挡换挡拨叉

原理:通过轴向移动选挡换挡轴(相当于换挡杆在R至5挡位置间直线移动),轴上的选挡触销进入要选择挡位(1/2或3/4挡拨叉或5挡或倒挡)的拨叉卡槽内,再旋转选挡换挡轴(如选挡触销移动到1/2挡拨叉卡槽内旋转,向上挂入2挡,向下挂入1挡),使拨叉移动,使同步器挂入相应挡位,如图6-3所示。

图6-3 内部选挡换挡原理

(4)变速器标记位置,如图6-4所示。

a)变速器型号（一） b)变速器型号（二）

图6-4 变速器标记

说明：

"1"是变速器代码,表示变速器的编码代号和生产日期,9A——编码代号;01——1日;08——8月;3——1983年。

"2"是变速器型号,代表020变速器。

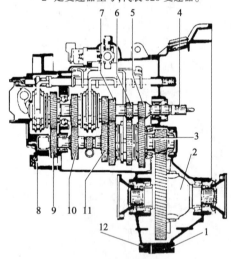

图6-5 020变速器结构

1-变速器下壳（离合器壳体）;2-差速器;3-输出轴;4-输入轴;5-1挡主动齿轮;6-倒挡主动齿轮;7-2挡主动齿轮;8-变速器上壳;9-5挡从动齿轮;10-4挡从动齿轮;11-3挡从动齿轮;12-变速器中壳

(5)020变速器结构,如图6-5所示。

四、离合器拆装

(1)图6-6所示是020变速器的配套离合器,作用是：平顺接合动力,保证汽车平稳起步；临时切断动力,保证换挡时工作平顺；防止传动系统过载。

(2)换挡操纵机构,外部：换挡杆等,如图6-7所示。

倒挡：下压操纵方式。

5挡：测压式操纵方式,向右侧压操纵杆；回到4挡时不可施加分力,否则会误挂2挡,转速过高发动机可能出现故障。

(3)拆装飞轮,使用专用工具托架VW558,如图6-8所示。

(4)拆装离合器从动盘,使用离合器定心盘VW547,如图6-9所示。

(5)拆装压盘,使用专用工具VW558,如图6-10所示。

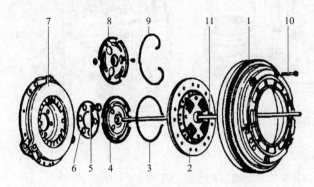

图6-6 离合器

1-飞轮;2-摩擦片;3、9-卡环;4-分离盘;5、10-螺栓;6-中间板;7-压盘;8-分离盘;11-离合器压杆

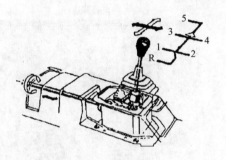

图6-7 换挡操纵机构

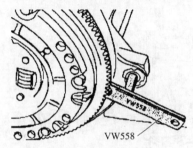

图6-8 拆装飞轮

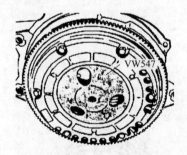

图6-9 拆装从动盘

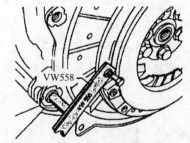

图6-10 拆装压盘

(6)拆装卡环,如图6-11所示。分解离合器,如图6-6所示。

(7)安装离合器,与拆卸顺序相反。

五、变速器拆装

(1)拆下外围附件。

①拆下倒挡轴锁止螺栓,如图6-12所示。

②拆下倒挡灯开关、选挡换挡器锁止螺栓,如图6-13所示。

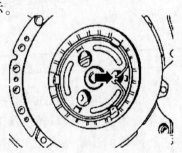

图6-11 拆装卡环

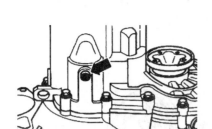
图6-12 倒挡轴锁止螺栓

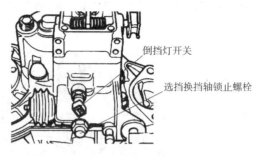
图6-13 倒挡灯开关、选挡换挡器锁止螺栓

③拆下里程表从动齿轮和选挡换挡器,如图6-14所示。
④外围附件如图6-15所示。

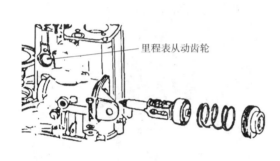
图6-14 选挡换挡器

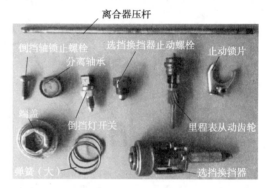
图6-15 外围附件

(2)拆下顶盖及5挡齿轮。
①拆下顶盖,如图6-16所示。
②撬下转接管的止动垫圈,如图6-17所示。

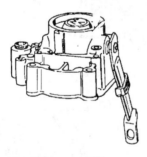
图6-16 顶盖

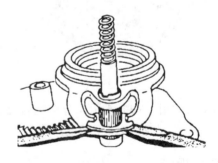
图6-17 止动垫圈

③用专用工具3059向左转动转接管,将其从5挡换挡拨叉上拧下,如图6-18所示。注意不要将换挡拉杆从转接管上拔下。拆下5挡齿轮中间的螺栓。
④将同步器总成及5挡同步器齿轮、换挡拨叉一同拆下,如图6-19所示。
(3)拆下5挡齿轮下方轴承支架螺栓,用专用工具3042取下中壳,如图6-20所示。

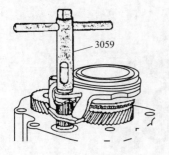
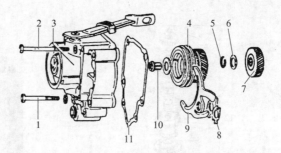

图 6-18 转接管　　　　　图 6-19 上壳及 5 挡齿轮

1、2-螺栓；3-上壳；4-5 挡同步器；5-卡环；6-垫圈；7-5 挡主动齿轮；8-锁紧块；9-5 挡换挡拨叉；10-锁紧螺栓；11-密封垫

（4）变速器下壳、输入轴、输出轴、差速器，如图 6-21 所示。

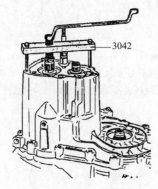
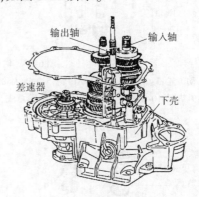

图 6-20　中壳　　　　　图 6-21　输入轴、输出轴

（5）换挡拨叉分解图如图 6-22 所示。

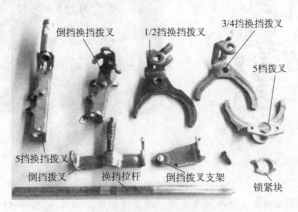

图 6-22　换挡拨叉分解图

（6）输出轴分解如图 6-23 所示。先取下输出轴的 4 挡齿和输入轴，按照从上到下的顺序完成输出轴的拆卸。

（7）按照从上到下的顺序完成输入轴的拆卸，如图 6-24 所示。

（8）020 变速器拆卸完成，如图 6-25 所示。

（9）按与拆卸相反的顺序安装输入轴、输出轴。

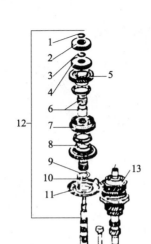

图 6-23　输出轴分解图

1-卡环;2-4 挡从动齿轮;3-卡环;4-3 挡从动齿轮;5-2 挡从动齿轮;6-滚针轴承及衬套;7-1/2 挡同步器兼倒挡从动齿轮;8-1 挡从动齿轮;9-垫圈;10-螺栓 11-轴承盖;12-输出轴总成;13-输入轴总成;14-倒挡齿轮轴;15-倒挡惰轮

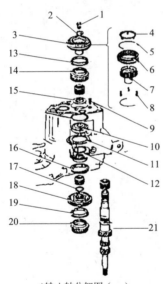

a)输入轴分解图（一）　　　　b)输入轴分解图（二）

图 6-24　输入轴分解

1-螺栓;2-垫圈;3-5 挡同步器;4-挡圈;5-弹簧;6-接合套;7-齿毂;8-滑块;9-螺栓;10-轴承;11-张紧盘;12-4 挡主动齿轮;13-5 挡同步器;14-5 挡主动齿轮;15-止推垫圈;16-4 挡同步器;17-卡环;18-3、4 挡同步器;19-3 挡同步环;20-3 挡主动齿轮;21-输入轴

（10）安装同步器。

安装 3/4 挡同步器，弹簧弯曲末端钩住空心锁块，弹簧末端钩不应在同一齿毂滑块槽内；同步器齿毂内花键倒角朝向 3 挡齿，标识槽朝向 4 挡齿。齿毂及接合套缺齿凹槽处对正，压紧接合套和齿毂，如图 6-26 所示。

图 6-25 020 变速器拆卸

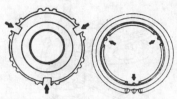

a) 同步器安装（一）

b) 同步器安装（二）

图 6-26 安装同步器

（11）倒挡轴、倒挡齿轮安装。将倒挡齿轮轴定位，距离 X 需相等，如图 6-27 所示。

（12）安装 5 挡同步器，按图 6-28 所示操作，换新的止推垫圈。调整转接杆和 5 挡拨叉的间隙 Y，5 挡换挡拨叉上平面距离转接杆上端 5mm，更换新的止推垫圈。

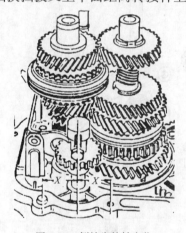

图 6-27 倒挡齿轮轴定位

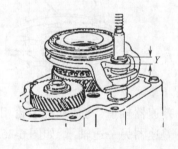

图 6-28 间隙调整

注意：在装上中壳前和装入选挡换挡器前，确保各挡位的选挡拨叉都处于空挡位置，装入后保证能顺利挂挡。

六、差速器拆装

（1）使用专用工具 VW391 拉出半轴凸缘盘，如图 6-29 所示。

（2）从底盖中取出差速器，如图 6-30 所示。

（3）取下从动锥齿轮，如图 6-31 所示。

（4）敲出膨胀销，如图 6-32 所示。

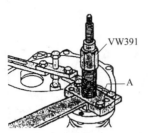
图 6-29　半轴凸缘盘

图 6-30　主减速器差速器

图 6-31　从动锥齿轮

图 6-32　膨胀销

（5）取出复合式止推垫片、行星齿轮、行星齿轮轴、半轴齿轮，如图 6-33 所示。

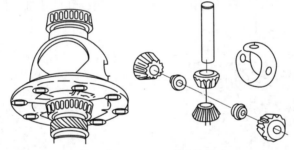
图 6-33　行星齿轮/半轴齿轮

（6）拆下差速器轴承（与从动锥齿轮相对的一边），如图 6-34 所示。

（7）拆下差速器另一边轴承，如图 6-35 所示。

图 6-34　拉拔轴承

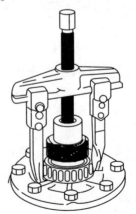
图 6-35　拉拔轴承

(8)差速器完全分解后,如图6-36所示。

(9)通过半轴凸缘将半轴齿轮固定在差速器壳上,如图6-37所示。

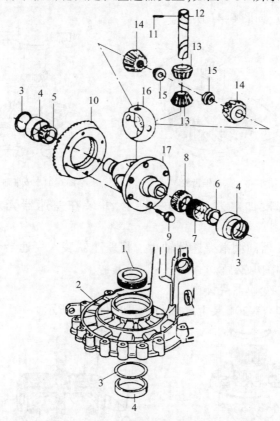

图6-36 差速器分解

1-凸缘油封;2-变速器中壳;3-从动锥齿轮的调整垫片(S1和S2);4-轴承外圈;5-差速器轴承;6-锁紧套筒;7-车速表主动齿轮;8-差速器轴承;9-螺栓(拧紧力矩70N·m);10-从动锥齿轮;11-夹紧销;12-行星齿轮轴;13-行星齿轮;14-半轴齿轮;15-螺纹管;16-复合式止推垫片;17-差速器壳

(10)将行星齿轮放在适当的位置上,接着转动半轴凸缘使行星齿轮进入差速器壳,如图6-38所示。

(11)装上行星齿轮轴,如图6-39所示。在行星齿轮轴装上膨胀销。

图6-37 安装半轴齿轮　　图6-38 安装行星齿轮　　图6-39 行星齿轮轴

(12)用120℃的温度给从动锥齿轮加热,并将其装在差速器壳上,安装时用两个螺纹销做导向。装上新的从动锥齿轮螺栓,如图6-40所示。

(13) 装上变速器的侧面密封圈。用120℃的温度加热差速器轴承(与从动锥齿轮相对一面)并装在差速器壳上。

(14) 将轴承压到位,如图6-41所示。

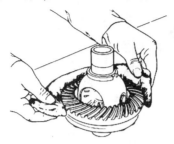

图6-40 从动锥齿轮

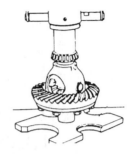

图6-41 安装轴承

(15) 用120℃的温度加热差速器另一轴承,并装在差速器壳上,将轴承压到位,如图6-42所示。

(16) 用适当的变速器油润滑差速器轴承。将差速器装入变速器壳体内,装上主减速器盖。拆下变速器后盖和轴承支座。

(17) 将差速器装在变速器壳体内。

(18) 使用专用工具VW201装上半轴凸缘,如图6-43所示。

图6-42 安装轴承

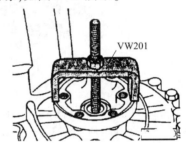

图6-43 半轴凸缘

七、万向节拆装

(1) 将半轴各从半轴凸缘盘端和轮毂端拆下,拆下防尘套,如图6-44所示。

图6-44 半轴

(2) 取下万向节,如图6-45所示。

(3) 旋转到适当位置,取出钢球及内球笼(保持架),如图6-46所示。

图 6-45 万向节

图 6-46 取出钢球及内球笼

(4)旋转到适当位置,装回钢球及内球笼,如图 6-47 所示。

图 6-47 安装钢球及内球笼

八、变速器装配

(1)同步器的检测。

①清洁同步环的内锥面。同步环如图 6-48 所示。

②将同步环压在各自齿轮的锥面上,用塞尺检查间隙 A 值,如图 6-49、图 6-50 所示。间隙 A 的规定值见表 6-1。将同步环贴在极其平滑的表面上(平板、玻璃等)对其扭曲进行分析。用轻度的压力将同步环装在各自齿轮的锥面上,移动齿轮的锥环,检查过度的侧面间隙(成椭圆形)。如果出现上述任何一种不正常现象,就应更换同步环。

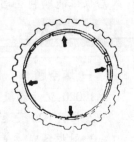

图 6-48 同步环

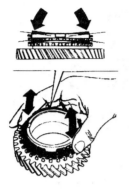
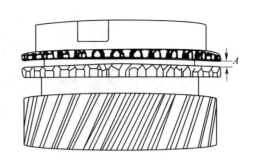

图6-49 同步环的检测　　　　图6-50 同步环间隙A

间隙A的规定值　　　　表6-1

同步环	间隙A(mm)	
	新的零件	磨损的限度
一挡和二挡	1.10~1.17	0.05
三挡	1.15~1.75	0.05
四挡	1.35~1.90	0.05
五挡	1.10~1.70	0.05

（2）安装3/4挡同步器，弹簧弯曲末端钩住空心锁块，弹簧末端钩不应在同一齿毂滑块槽内；同步器齿毂内花键倒角朝向3挡齿轮，标识槽朝向4挡齿轮。齿毂及接合套缺齿凹槽处对正，压紧接合套和齿毂，如图6-51所示。

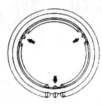

图6-51 同步器的安装

（3）按与拆卸相反的顺序装入：差速器→输入轴→输出轴→倒挡齿轮及轴→倒挡齿轮支架及倒挡拨叉→选挡拨叉总成→中壳→选挡换挡器→上壳→外围附件。

注意：在装上中壳前和装入选挡换挡器前，确保各挡位的选挡拨叉都处于空挡位置，装入后保证能顺利挂挡。

思考与练习

一、填空题

1. 020变速器使用_____或_____润滑油。
2. 松开020变速器中壳的专用工具是_____。
3. 同步器内弹簧的作用：_____。
4. 松开5挡同步器拨叉和转接杆的工具是：_____。

5. 锁止5挡同步器拨叉和转接杆的零件是：_____。
6. 松开020变速器中壳的工具是：撬棍□ 9527□ 3042□ 拉拔器□

二、选择题

1. 变速器拆装需要注意（　　）。
   A. 清洁接触面　　　B. 严格按维修手册操作　　C. 确定定位销位置正确
2. 变速器拆装对于油封及衬垫需要注意（　　）。
   A. 清洁　　　　　　　　　　　　　B. 涂油
   C. 检查油量　　　　　　　　　　　D. 更换密封圈
3. 调整垫片在拆装中应注意（　　）。
   A. 检查状况　　　B. 测量厚度以便选择新件　　C. 使用旧件
4. 挡圈、锁圈拆装注意事项有（　　）。
   A. 位置正确　　　　　　　　　　　B. 不得用力过度
   C. 更换弹簧销　　　　　　　　　　D. 更换挡圈
5. 螺栓螺母在拆装中应注意（　　）。
   A. 对角线松紧　　　　　　　　　　B. 更换自锁螺栓螺母
   C. 标准力矩拧紧　　　　　　　　　D. 涂螺纹胶
6. 轴承在拆装中应注意（　　）。
   A. 涂油润滑　　　　　　　　　　　B. 标记朝工具侧
   C. 成对更换　　　　　　　　　　　D. 随意换位
7. 技师甲说，拆变速器之前应该把油放完。技师乙说，变速器中盖比较紧，用撬棍松开后拆下，谁正确？（　　）
   A. 甲正确　　　　　　　　　　　　B. 乙正确
   C. 两人均正确　　　　　　　　　　D. 两人均不正确

三、判断题

1. 变速器中传动比越大的挡位，其输出的转速和转矩均越大。（　　）
2. 变速器中自锁装置的作用是防止变速器同时挂上两个挡位。（　　）
3. 变速器的直接挡传动效率最高。（　　）
4. 齿轮只要能装到轴上，跟正反方向没多大关系。（　　）
5. 通用工具能够拆卸就行，专用工具可以不用。（　　）
6. 密封垫拆下后应更换新的。（　　）
7. 变速器倒挡传动比数值设计得较大，一般与一挡传动比数值相近，这主要是为了倒车时，汽车应具有足够大的驱动力。（　　）
8. 5挡换挡拨叉上平面距离转接杆上端5mm。（　　）
9. 常说的几挡变速器，是指有几个前进挡的变速器。（　　）
10. 变速器中倒挡齿轮采用直齿齿轮传动。（　　）

四、看图填空

1. 写出图6-52中零件名称。
2. 写出图6-53中零件名称。

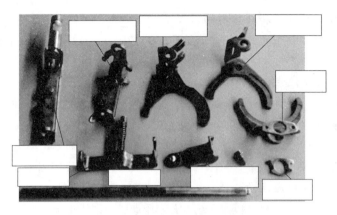

图 6-52 习题图 1

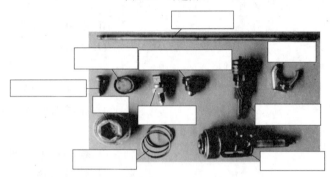

图 6-53 习题图 2

3. 写出图 6-54 中零件名称。

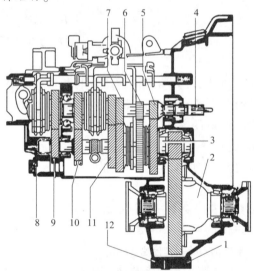

图 6-54 习题图 3

1._____;2._____;3._____;4._____;
5._____;6._____;7._____;8._____;
9._____;10._____;11._____;12._____。

4. 写出图 6-55 中零件名称。

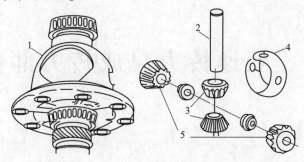

图 6-55　习题图 4

1._____;2._____;3._____;4._____;
5._____。

5. 写出图 6-56 中工具名称。

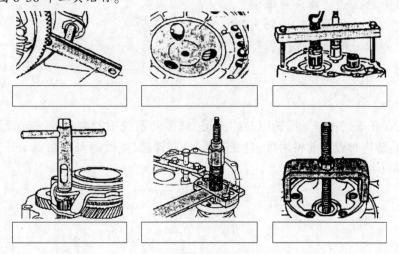

图 6-56　习题图 5

五、简答题

1. 020 变速器的特点是什么？

2. 020 变速器的拆卸步骤有哪些？

项目七　变速传力总成传力部件检修

学习目标

完成本项目学习后,你应能:
1. 对照图片说明离合器的结构原理;
2. 对传动系统常见故障进行分析;
3. 知道离合器的检修注意事项;
4. 知道离合器各部件的检修方法;
5. 说出变速器换挡拉索的调整方法。

建议学时

6学时。

桑塔纳2000系列轿车是前轮驱动的汽车,其传动系统中的离合器、变速器、主减速器、差速器及传动轴均布置在前桥附近,且变速器、主减速器、差速器安装在一个外壳之内,结构布置紧密,如图7-1所示。

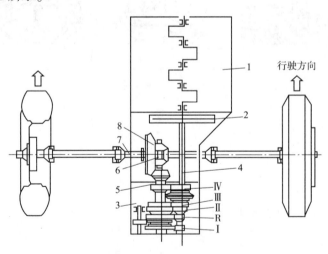

图7-1　桑塔纳轿车传动系统(手动挡)示意图

1-发动机;2-离合器;3-变速器;4-变速器输入轴;5-变速器输出轴;6-差速器;7-传动轴;8-主减速器;Ⅳ-4挡齿轮;Ⅲ-3挡齿轮;Ⅱ-2挡齿轮;R-倒挡齿轮;Ⅰ-1挡齿轮

采用前轮驱动方式,减少了传动系统的功率损失,提高了传动效率;取消了后轮驱动方式的传动轴机构,简化了轿车结构,减轻了自重,降低了传动系统的噪声;减少了传动系统的外形尺寸,加大了轿车内部空间;提高了轿车行驶时的操纵性和稳定性;减少了燃油消耗量,提高了整车的经济性和动力性。

一、桑塔纳2000GLi型和2000GSi型轿车离合器的结构

(一)离合器的总体结构

桑塔纳2000GLi型轿车离合器采用单片、干式、膜片弹簧离合器。如图7-2和图7-3所示,它主要由离合器盖、压盘、从动盘、膜片弹簧、分离轴承、分离套筒、分离叉轴、离合器拉索等零件组成,在拆卸安装与维修中可参照进行。

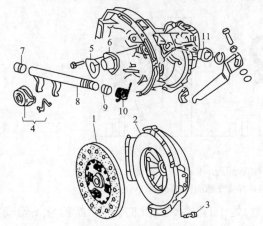

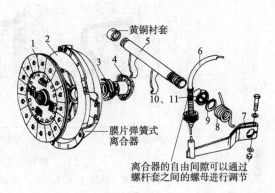

图7-2 离合器结构(一)

1-离合器从动盘;2-膜片弹簧与压盘;3-分离轴承;4-分离套筒;5-分离叉轴;6-离合器拉索;7-分离叉轴传动杆;8-复位弹簧;9-卡簧;10-橡胶防尘套;11-轴承衬套

图7-3 离合器结构(二)

1-离合器从动盘;2-膜片弹簧与压盘;3-分离轴承;4-分离套筒;5-分离轴;6-拉索;7-传动杆;8-弹簧;9-卡簧;10、11-轴承套及密封件

(二)膜片弹簧

膜片弹簧用优质弹簧钢薄板制成,形状为碟形,开有径向切槽,切槽内端开通,外端为圆孔,形成多个弹性杠杆,它既是压紧杠杆,又是分离杠杆(如图7-4中8所示),简化了离合器的结构,而且膜片弹簧不会因高转速产生的离心力而发生弯曲变形,以致压紧力下降。此外,膜片弹簧具有理想非线性特征,磨损后,弹簧压力几乎保持不变。

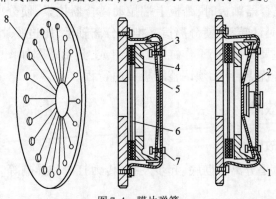

图7-4 膜片弹簧

1-分离钩(复位弹簧片);2-分离轴承;3-支撑环;4-主动(压)盘;5-膜片弹簧;6-从动盘;7-支撑环定位螺钉(铆钉);8-膜片弹簧立体图形

(三)压紧装置

压紧装置由离合器盖、主动压盘、膜片弹簧、支撑定位铆钉、分离钩及传动钢片组成,如图7-5所示。传动钢片共三组,均布于压盘周围,其两端分别与离合器盖和压盘连接。支撑环在膜片弹簧中部,左右各一件,由定位铆钉固定,作为膜片弹簧变形时的支点。压盘周边对称固定有多个分离钩,把膜片弹簧的外边缘和压盘钩在一起,膜片弹簧外边缘就压在压盘的环形台上。

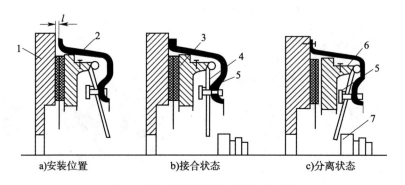

图7-5 膜片弹簧离合器工作原理示意图

1-飞轮;2-离合器盖;3-压盘;4-膜片弹簧;5-膜片弹簧支承圈;6-分离钩;7-分离轴承

离合器盖未固定到飞轮上时,膜片弹簧不受力,处于自由状态,此时,离合器盖与飞轮安装面有一距离 l(图7-5a)。当离合器盖固定到飞轮上时,由于离合器盖靠向飞轮,右侧支撑环压膜片弹簧,使之发生弹性变形,这样膜片弹簧对压盘和从动盘产生压紧力,离合器处于接合状态(图7-5b)。当分离离合器时,分离轴承左移,膜片弹簧以左侧支撑环为支点,进一步变形,其外缘通过分离钩拉动压盘,使离合器分离(图7-5c)。

(四)操纵机构

桑塔纳2000GLi型轿车的离合器操纵机构采用机械拉索式分离装置,而桑塔纳2000GSi型轿车则采用液压式操纵机构。

机械拉索式分离装置主要由分离轴承、分离轴、分离轴传动杆、拉索踏板等零部件组成,如图7-6所示。踩下离合器踏板时,踏板上端拉动离合器拉索,使分离轴承传动杆顺时针转动,同时带动分离轴顺时针转动,使分离拨叉推动分离轴承,压迫膜片弹簧,离合器分离。

液压式操纵机构主要由主缸、工作缸及管路组成,其示意图如图7-7所示。它具有阻力小、质量小、接合柔和等优点,且无须调整踏板自由行程。

二、传动系常见故障

(一)离合器常见故障

离合器的常见故障是分离不彻底、起步发抖、传力打滑和异响等。

1.分离不彻底

(1)现象:发动机怠速运转,踩下离合器踏板,原地挂挡有齿轮撞击声,且难以挂入;情况严重时,原地挂挡后发动机熄火。

项目七　变速传力总成传力部件检修

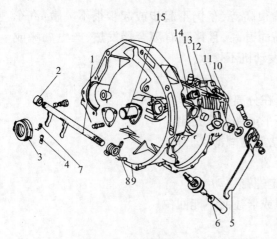
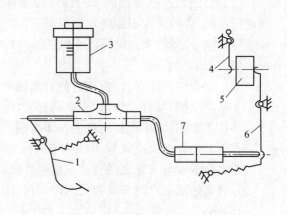

图 7-6　离合器分离装置
1-分离轴;2-轴承衬套;3-分离轴承;4-夹子;5-分离轴传动杆;6-离合器拉索;7-支撑弹簧;8-复位弹簧;9-变速器罩壳;10-挡圈;11-橡皮防尘套;12-轴承衬套;13-轴承;14-上止点信号发生器测试孔塞子;15-导向套筒

图 7-7　离合器液压式操纵机构示意图
1-踏板;2-主缸;3-储液罐;4-分离杠杆;5-分离轴承;6-分离叉;7-工作缸

（2）原因：

①离合器踏板自由行程过大。

②分离杠杆内端高度太低或内端不在同一平面上。

③新换的摩擦片太厚或从动片正反装错。

④从动片钢片翘曲变形或摩擦片破裂。

⑤双片离合器中间压板调整不当、中间压板个别支撑弹簧折断或疲劳、中间压板在传动销上或在离合器驱动窗孔内轴向移动不灵活。

⑥从动片在花键轴上轴向移动不灵活。

⑦液压传动离合器液压系统漏油，油量不足或有空气。

2．起步发抖

（1）现象：汽车用低速挡起步时，按操作规程逐渐放松离合器踏板并徐徐踩下加速踏板，离合器不能平稳接合且产生抖振，严重时甚至使整车产生抖振现象。

（2）原因：

①从动片钢片或压板翘曲变形。

②飞轮工作端面圆跳动严重。

③分离杠杆内端高度不处在同一平面内。

④从动片上的缓冲片破裂、减振弹簧疲劳或折断。

⑤从动摩擦片油污、烧焦、表面硬化、表面不平、钢钉头露出、铆钉松动或切断。

⑥个别压力弹簧疲劳或折断，膜片弹簧疲劳。

⑦飞轮、离合器壳或变速器固定螺钉松动。

⑧分离轴承套筒与其导管之间油污、尘腻严重，使分离轴承不能回位。

3. 传力打滑

(1) 现象:汽车挂低挡起步时,离合器踏板抬很高,汽车仍不起步或起步很不灵敏;汽车加速行驶时,行驶速度不能随发动机转速的升高而升高,且伴随有离合器发热、产生煳味或冒烟等现象;拉紧驻车制动器汽车低挡起步时,发动机不熄火。

(2) 原因:

①离合器踏板没有自由行程,使分离轴承压在分离杠杆上。

②从动摩擦片油污、烧焦、表面硬化、表面不平或铆钉头露出。

③从动摩擦片、压板和飞轮工作面磨损严重,厚度减薄。

④压力弹簧退火或疲劳,膜片弹簧疲劳或开裂。

⑤离合器盖与飞轮之间装有调整垫片或固定螺钉松动。

⑥分离轴承套筒与其导管之间因油污、尘腻或卡住而不能回位。

4. 异响

(1) 现象:离合器分离或接合时发出不正常响声。

(2) 原因:

①分离轴承缺少润滑剂干磨或轴承损坏。

②飞轮上的传动销与压板上的传力孔或离合器盖上的驱动孔与压板上的凸块配合间隙太大。

③分离杠杆与离合器盖的连接松旷或分离杠杆支撑弹簧疲劳、折断、脱落。

④从动片花键孔与其轴配合松旷。

⑤从动摩擦片铆钉松动或铆钉头露出。

⑥分离轴承套筒与其导管之间油污、尘腻严重或分离轴承复位弹簧与离合器踏板复位弹簧疲劳、折断、脱落,造成分离轴承回位不佳。

⑦分离轴承与分离杠杆内端之间没有间隙。

⑧从动片减振弹簧退火、疲劳或折断。

5. 离合器踏板有弹性感觉

(1) 现象:离合器踏板生硬有弹性感觉。

(2) 原因:

①离合器油管内有空气。

②离合器工作缸失效。

③离合器主缸失效。

(二) 万向传动装置常见故障

万向传动装置的常见故障是异响和游动角度增大。

1. 万向节和伸缩节响

(1) 现象:在汽车起步或车速突然改变时,传动装置发出"抗"的一声;当汽车缓车时,传动装置发出"呱啦、呱啦"的响声。

(2) 原因:

①万向节轴承因磨损或冲击造成松旷。

②传动轴伸缩节花键因磨损或冲击造成松旷。

③万向节凸缘盘连接螺栓松动。

2.传动轴异响

(1)现象：在万向节与伸缩节技术状况良好的情况下，传动轴于汽车行驶中发出周期性响声；车速越快时响声越大，严重时车身发生抖振，甚至握转向盘的手有麻木感。

(2)原因：

①传动轴弯曲或轴管凹陷。

②传动轴管与万向节叉焊接时未找正或传动轴未进行动平衡。

③传动轴上的平衡片失落。

④伸缩节未按标记安装，使传动轴失去平衡，并有可能造成传动轴两端的叉不在同一平面上。

⑤中间支承吊架的固定螺栓或万向节凸缘盘连接螺栓松动，使传动轴位置偏斜。

⑥橡胶夹紧式中间支承紧固方法不妥，造成中间传动轴前端偏离原轴线。

3.中间支承响

(1)现象：汽车行驶中产生一种连续的"鸣、鸣"的响声，车速越快响声越大。

(2)原因：

①滚动轴承脱层、麻点、磨损过甚或缺油。

②中间支承安装方法不当，造成滚动轴承承受附加载荷。

③橡胶圆环损坏。

④车架变形。

4.游动角度增大

万向传动装置的游动角度，主要包括伸缩节和各万向节的游动角度。当伸缩节和万向节在工作中因磨损和冲击致使旋转方向上的角间隙增大时，其游动角度就增大。因此，游动角度是传动机件技术状况的重要诊断参数之一。

三、离合器检修注意事项

(1)从飞轮上拆下离合器时，应仔细检查离合器盖及平衡垫片原来有的记号，如没有记号，应打上记号再开始拆卸。

(2)拆卸离合器时，为了防止离合器盖的变形及零件弹出，应在台虎钳或专有工装上分解。

(3)拆卸离合器前，应该预先在离合器盖及压盘上做出装配的标记，以防止破坏离合器本身的平衡。

(4)将拆下来的零件分类按顺序排好，并清洗干净，以防止错乱。

(5)检查分离轴承及分离套筒，清洗并润滑。

(6)检查从动盘，应特别注意从动盘毂铆钉及减振器的磨损，如损坏应更换从动盘总成。

(7)离合器安装时，应注意零件间的相互次序，不能错装。离合器压盘安装完后，有条件的最好进行动平衡试验。

(8)确定各部件无疑后，将离合器安装到飞轮上，安装顺序和拆卸相反。

(9)分离轴承应转动灵活、无噪声、无卡滞。

(10)安装前,轴承与注油管内均应充满润滑脂。

(11)压盘弹簧不应有裂纹、歪斜,否则应予以换新。

(12)压盘的摩擦工作面成沟槽,其深度超过0.5mm,或翘曲大于0.4mm,应予修磨。最大光削量应不大于1.0mm;当光削量大于0.5mm时,应在压盘弹簧与弹簧座之间加装相应厚度的垫片。

(13)衬垫:应更换纸质密封垫圈,更换O形环。

(14)调整垫片:用千分尺多点检测调整垫片,可以精确地测出所需垫片的厚度。检查调整垫片边缘是否有损坏,只能装入完好的调整垫片。

(15)挡圈、锁圈:调整挡圈及锁圈不能拉开过度,必须将其完全放在槽内。

(16)螺栓、螺母:固定盖和罩壳的螺栓和螺母应交叉拧紧和拧松(特别是易损件),并且应按规定的拧紧力矩拧紧螺栓和螺母。

(17)轴承:将有标志的一面的滚针轴承朝向安装工具,在轴与轴承之间涂一层润滑油。所有的轴承和接触表面均使用白色 ET-Nr. AOS126 000 05 润滑脂润滑。

(18)在进行离合器踏板修理工作时,应将蓄电池搭铁线拆下。

四、桑塔纳2000GLi型轿车离合器的维修

(一)离合器的拆卸和安装

1.离合器的拆卸

(1)首先拆下变速器(详见本章变速器拆卸与安装部分)。

(2)用专用工具10-201,将飞轮固定(图7-8),然后逐渐将离合器压盘的固定螺栓对角拧松,取下离合器盖及压盘总成,并取下离合器从动盘。

(3)按图7-9和图7-2以及图7-3所示的顺序拆卸离合器各部件。离合器压盘和从动盘示意图如图7-10所示。

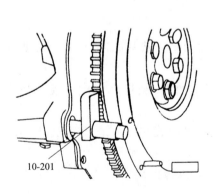

图7-8 用专用工具固定飞轮

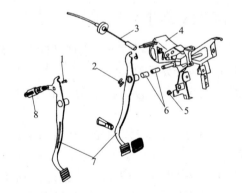

图7-9 离合器踏板装置的拆卸
1-连接销;2-保险装置;3-离合器拉索;4-踏板支架;5-限位块;6-轴承衬套;7-离合器踏板;8-助力弹簧

2.离合器的安装

(1)用专用工具10-201将飞轮固定。

(2)如图7-11所示,用专用工具10-213,将离合器从动盘定位于飞轮和压盘中心。

(3)装上紧固螺栓,并用25N·m的力矩对角逐渐拧紧。

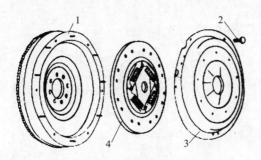 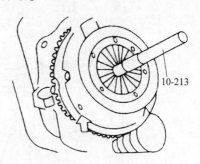

图 7-10 离合器压盘和从动盘
1-飞轮;2-六角螺栓或圆柱头螺栓(拧紧力矩25N·m);
3-压盘;4-从动盘(弹簧保持架朝向压盘)

图 7-11 离合器的安装

(二)离合器的检修

1. 离合器踏板的更换

(1)拉开并拆下离合器拉索。
(2)拆下离合器踏板固定在踏板轴上的保险装置。
(3)取下离合器踏板。
(4)装上新的离合器踏板。

2. 离合器踏板衬套的更换

(1)拆下离合器踏板。
(2)用专用工具压出离合器踏板塑料衬套,如图 7-12 所示。
(3)拆下离合器踏板橡胶衬套,如图 7-13 所示。

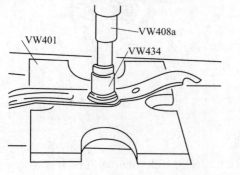 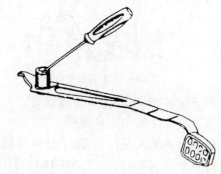

图 7-12 压出离合器踏板塑料衬套　　图 7-13 拆下离合器踏板橡胶衬套

(4)装上橡胶衬套,涂上无酸润滑脂。
(5)使塑料衬套与导管长的一端齐平,如图 7-14 所示。

3. 离合器踏板助力弹簧的更换

(1)拆下挡圈,拆下连接销,取下助力弹簧,如图 7-15 所示。
(2)装上新的助力弹簧。

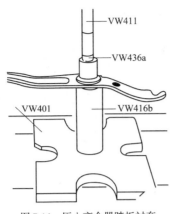

图7-14 压入离合器踏板衬套

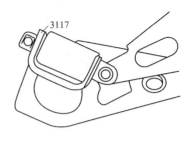

图7-15 离合器踏板助力弹簧的更换

4. 拉索的更换

(1)旋松调整离合器踏板自由行程的防松螺母,并放松拉索,如图7-16所示。

(2)取下拉索。

(3)装上新的拉索,用润滑脂润滑用于连接的两端。

5. 分离叉轴的更换

(1)拆卸变速器。

(2)拆下离合器分离叉轴传动杆。

(3)拆下分离轴承,拆下挡圈,如图7-17所示。

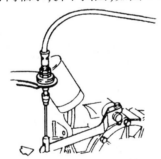

图7-16 离合器拉索的更换

图7-17 拆下分离叉轴的挡圈

(4)取下橡胶防尘套,拆下分离套筒。

(5)拆下分离叉轴的定位螺栓。

(6)拆下分离叉轴左衬套,取下分离叉轴。

(7)拆下分离叉轴右衬套(图7-18),使用 $A = 18.5 \sim 23.5mm$ 的内拉头。

(8)装上新的离合器分离叉轴右衬套。

(9)装上分离叉轴,用适量的润滑脂润滑衬套及分离叉轴的支撑位置,并安装。

(10)用15N·m的力矩旋紧分离叉轴的定位螺栓(如图7-19所示箭头位置)。

(11)装上分离套筒。将防尘套推入分离叉轴,挡圈压至尺寸 $A = 18mm$ 的位置,如图7-20所示。

(12)装上分离轴承,并使分离叉轴传动杆的安装位置达到 $a = (20 \pm 5)mm$,如图7-21所示。

项目七 变速传力总成传力部件检修

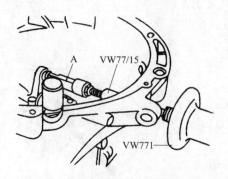

图7-18 拉出离合器分离叉轴衬套

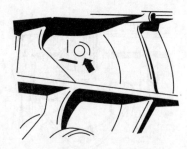

图7-19 拧紧分离叉轴的定位螺栓

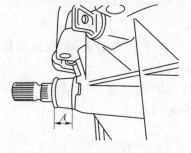

图7-20 分离轴承挡圈的安装位置

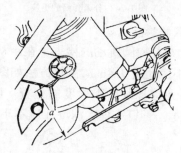

图7-21 离合器分离叉轴传动臂的安装位置

6. 分离轴承的更换

(1)拆卸变速器。

(2)拆下分离轴承,如图7-22所示。

(3)用润滑脂润滑接触点,装上新的轴承。

(4)装上复位弹簧,如图7-23所示。

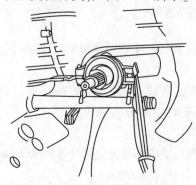

图7-22 拆下离合器分离轴承

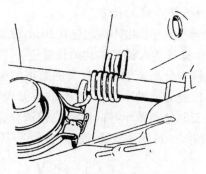

图7-23 复位弹簧的安装位置

7. 分离套筒的更换

(1)拆卸变速器。

(2)拆下分离轴承,再拆下分离套筒。

(3)安装时,排油孔应朝下,如图7-24所示。

8. 离合器踏板自由行程的调整

桑塔纳轿车离合器的调整主要就是离合器踏板自由行程的调整。离合器踏板自由行程应为15~20mm,其调整是靠离合器拉索的调整来进行的,具体可通过图7-25箭头所示的调整螺母来进行。

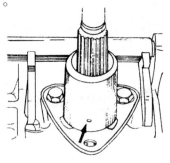
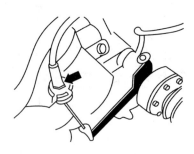

图 7-24 分离套筒的更换　　　图 7-25 离合器踏板自由行程的调整

9. 从动盘的检查

（1）从动盘径向圆跳动的检查。在距从动盘外边缘 2.5mm 处测量，离合器从动盘最大径向圆跳动不应超过 0.4mm，测量方法如图 7-26a）所示。

（2）从动盘摩擦片磨损程度的检查。摩擦片的磨损程度，可用游标卡尺进行测量，如图 7-26b）所示。铆钉头埋入深度 A 应不小于 0.20mm。

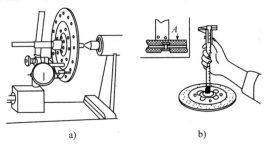

图 7-26 离合器从动盘的检查

10. 压盘平面度的检查

离合器压盘平面度不应超过 0.2mm，检查方法可用直尺放平后以塞尺测量，如图 7-27 所示。

11. 机械线束式操纵机构的检修

(1) 检查分离叉轴两端衬套的磨损情况，两衬套必须同心，必要时更换。

(2) 检查分离轴承磨损情况，润滑分离轴承，必要时更换分离轴承。

(3) 安装分离轴承导向座复位弹簧。

(4) 按图 7-28 所示安装橡胶防尘套，将其推入分离叉轴使挡圈顶至尺寸 A 约为 18mm 为止。

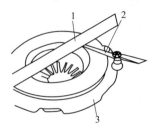
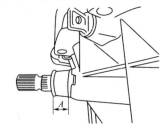

图 7-27 离合器压盘平面度的检查　　图 7-28 橡胶防尘套的安装
1-直尺；2-塞尺；3-压盘

(5) 安装拉索式离合器驱动臂，通过转动螺母（图 7-25）可以调整离合器踏自由行程。

五、桑塔纳 2000GSi 型轿车离合器的维修

(一) 桑塔纳 2000GSi 型轿车离合器液压系统的结构

桑塔纳 2000GSi 型轿车离合器与桑塔纳 2000GLi 型轿车离合器结构基本相同，只是操纵系统不是采用拉索式，而是采用液压操纵系统。采用液压操纵系统具有摩擦阻力小、布置方便、接合柔和，在长期工作中不会引起离合器踏板力明显增加，减轻驾驶人的劳动强度等优点。

桑塔纳 2000GSi 型轿车离合器液压操纵系统由离合器踏板、储液罐、进油软管、离合器主缸、离合器工作缸、油管总成、分离叉、分离轴承等组成，如图 7-29 所示。

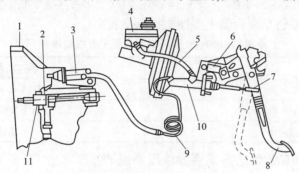

图 7-29　离合器液压操纵系统

1-变速器壳体；2-分离叉；3-工作缸；4-储液罐；5-进油软管；6-助力弹簧；7-推杆接头；8-离合器踏板；9-油管总成；10-主缸；11-分离轴承

储液罐有两个出油孔，分别把制动液供给制动主缸和离合器主缸。

离合器主缸的结构如图 7-30 所示，主缸体借补偿孔 A、进油孔 B 通过进油软管与储液罐相通。主缸内装有活塞，活塞中部较细，且为"十"字形断面，使活塞右方的主缸内腔形成油室。活塞两端装有皮碗。活塞左端中部装有止回阀，经小孔与活塞右方主缸内腔的油室相通。当离合器踏板处于初始位置时，活塞左端皮碗位于补偿孔 A 与进油孔 B 之间，两孔均开放。

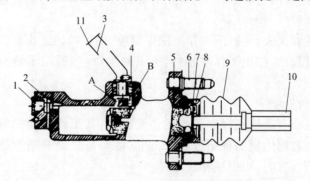

图 7-30　离合器主缸结构

1-保护塞；2-壳体；3-管接头；4-皮碗；5-阀芯；6-固定螺栓；7-卡簧；8-挡圈；9-护套；10-推杆；11-保护套；A-补偿孔；B-进油孔

离合器工作缸结构如图 7-31 所示，工作缸内装有活塞、皮碗、推杆等，缸体上还设有放气螺塞。当管路内有空气存在而影响操纵时，可拧出放气螺塞进行放气。工作缸活塞直径为 22.2mm，主缸活塞直径为 19.05mm，由于工作缸活塞直径略大于主缸活塞直径，故液压系统稍有增力作用，以补偿液流通道的压力损失。

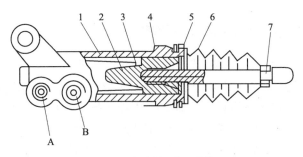

图 7-31 离合器工作缸结构

1-壳体;2-活塞;3-管接头;4-皮碗;5-挡圈;6-保护套;7-推杆;A-放气孔;B-进油孔

桑塔纳 2000GSi 型轿车离合器主要性能指标见表 7-1。

桑塔纳 2000GSi 型轿车离合器主要性能指标　　　　　　表 7-1

项　目	参　数
离合器踏板行程(mm)	131.8～139.1
离合器踏板最大踏板力(N)	122.2(不计复位弹簧的作用)
系统压力(MPa)	0.222

(二) 桑塔纳 2000GSi 型轿车离合器液压系统的维修

桑塔纳 2000GSi 型轿车离合器机械部分的维修可参见桑塔纳 2000GLi 型轿车离合器的维修方法。液压操纵系统的检修如下。

1. 离合器主缸的拆卸与分解

(1) 取下离合器踏板与主缸推杆叉的连接销轴。

(2) 从主缸上拧下进油管和出油管接头。

(3) 拧下主缸固定螺栓,拉出主缸。

在解体离合器主缸前,应排净主缸中的制动液。主缸分解过程是:取下防尘罩,用螺丝刀或卡环钳拆下卡环,拉出主缸推杆、压盖和活塞。

2. 离合器工作缸的拆卸与分解

拧下工作缸进油管接头,再拆下工作缸固定螺栓,即可拉出工作缸。

工作缸的分解过程是:拉出工作缸推杆,拆下防尘罩,然后用压缩空气将工作缸活塞从缸筒内压出来。

3. 主缸、工作缸的检修

主缸和工作缸是离合器液压操纵系统的主要部件,其工作性能的好坏直接影响离合器的工作性能。当出现缸筒内壁磨损超过 0.125mm,活塞与缸筒的间隙超过 0.20mm,皮圈老化及复位弹簧失效等情况时,应更换相应零件。

4. 离合器主缸、工作缸的装配

主缸和工作缸的装配,按拆卸与分解相反顺序进行,但装配时应注意以下事项:

(1) 零件在装配前要用非腐蚀性液体清洗干净,并在活塞、皮碗、皮圈、缸套等零件上涂一层制动液。装合后推杆在缸筒内运动应灵活。在放松(不工作)位置时,主缸皮碗和活塞头部应位于进油孔和补偿孔之间,两孔都开放。工作缸上带有塑料支撑环,安装时外表面要涂上一层薄薄的润滑油,工作缸推杆末端也要涂上润滑脂润滑。

（2）安装离合器工作缸时，需要用一个适应的杠杆克服弹簧的弹力，将其压向变速器壳相应的孔中后，方能将固定螺栓旋入。

5. 离合器液压系统中空气的排出

离合器液压操纵系统在经过检修之后，管路内可能进入空气，在添加制动液时也可能使液压系统中进入空气。空气进入后，由于缩短了主缸推杆行程即踏板工作行程，从而使离合器分离不彻底。因此，液压系统检修后或怀疑液压系统进入空气时，就要排除液压系统中的空气。排除方法如下：

（1）用千斤顶顶起汽车，然后用支架将汽车支住。将主缸储液罐中的制动液加至规定高度。

（2）在工作缸的放气阀上安装一软管，接到一个盛有制动液的容器内。

（3）排空气需要两个人配合工作，一人慢慢地踏离合器踏板数次，感到有阻力时踏住不动，另一人拧松放气阀直至制动液开始流出，然后再拧紧放气阀。

（4）连续按上述方法操作几次，直到流出的制动液中不见气泡为止。

（5）空气排除干净之后，需要再次检查及调整踏板自由行程。

六、朗逸轿车换挡拉索调整

为了保证变速器平换挡，变速器的换挡操纵机构在安装、调整时，必须符合相关的技术要求，才能保证变速器的正常工作。

（1）拆掉蓄电池及外壳，根据图 7-32 箭头方向，依次松开换挡软轴和选挡软轴上的锁止机构。

（2）根据图 7-33 所示，向下压换挡轴至一、二挡之间的空挡位置，按箭头 2 所示的方向插入锁销，然后按箭头 3 所示的方向旋转锁销约 90°。

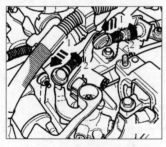
图 7-32　松开锁止机构

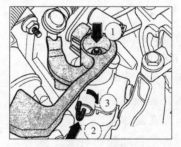
图 7-33　插入锁销

（3）拆下换挡杆上的防尘罩。

（4）将换挡杆置于一、二挡之间的空挡位置，使插销孔对齐，将专用工具 T10027（定位销）插入锁销孔中，如图 7-34 所示。

（5）按图 7-35 箭头方向，依次将换挡软轴和选挡软轴上的锁止机构慢慢锁上，注意锁止机构不能脱手，以免弹簧的弹力损坏零件。

（6）按图 7-36 箭头所示方向旋转换挡轴锁销，并将锁销退回初始位置以解除对换挡轴的锁止。

（7）把换挡杆锁止专用工具 T10027 从锁销孔中拔出，以解除换挡杆的锁止。

(8) 挂入1挡,然后将换挡杆向左压到底并松开,此时在换挡轴上必须有 1mm 左右的行程,如图 7-37 所示。

(9) 试车。

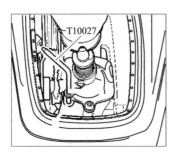

图 7-34　插入定位销

图 7-35　插入锁销

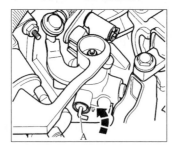

图 7-36　退回锁销

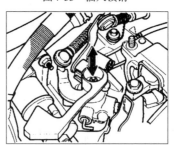

图 7-37　行程检查

思考与练习

一、填空题

1. 汽车传动系统的基本功用是:＿＿＿＿＿＿＿＿,以确保汽车能在不同使用条件下正常行驶,并具有良好的＿＿＿＿、＿＿＿＿。
2. 传动系统的组成主要有:＿＿＿＿、＿＿＿＿、＿＿＿＿、＿＿＿＿及传动轴。
3. 轿车的离合器操纵机构有＿＿＿＿、＿＿＿＿两种形式。
4. 离合器的常见故障是:＿＿＿＿、＿＿＿＿、＿＿＿＿和异响。
5. 分离叉轴的定位螺栓的拧紧力矩为:＿＿＿＿。
6. 从动盘径向圆跳动的检查在距从动盘外边缘＿＿＿＿处测量,离合器从动盘最大径向圆跳动不应超过＿＿＿＿。
7. 离合器压盘平面度不应超过＿＿＿＿。

二、不定项选择题

1. 离合器从动盘径向圆跳动的检查量具有(　　)。

   A. 百分表　　　　B. 磁性表座　　　　C. 游标卡尺　　　　D. 塞尺

2. 离合器检修的工具有(　　)。

   A. 通用拆装工具　　B. 专用工具　　C. 铁锤　　　　D. 螺丝刀

   E. 卡簧钳

3. 离合器测量的量具有( )。
   A. 塞尺　　　　　B. 游标卡尺　　　　C. 外径千分尺　　　　D. 百分表
4. 离合器分离不彻底的原因有( )。
   A. 自由行程过大　　　　　　　　　B. 摩擦片太厚
   C. 从动片钢片翘曲变形　　　　　　D. 压板调整不当
   E. 从动片在花键移动不灵活　　　　F. 液压系漏油,油量不足
5. 起动发抖的原因有( )。
   A. 飞轮工作端面圆跳动严重　　B. 从动摩擦片油污　　C. 膜片弹簧疲劳
   D. 固定螺钉松动　　　　　　　E. 分离轴承不能回位　　F. 压板翘曲变形

三、看图填空

1. 对照图7-38写出下列相对应标号所指部件名称。

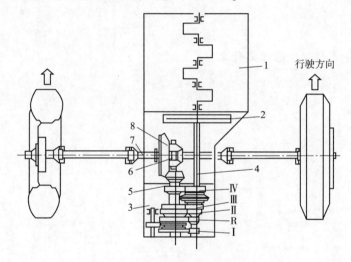

图7-38　桑塔纳轿车传动系统

1. _____;2. _____;3. _____;
4. _____;5. _____;6. _____;
7. _____;8. _____。

2. 对照图7-39写出下列相对应标号所指部件名称。

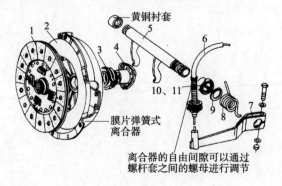

图7-39　离合器结构

1._____;2._____;3._____;
4._____;5._____;6._____;
7._____;8._____;9._____;
10._____;11._____。

四、简答题

1. 液压式离合器操纵机构的特点是什么?

2. 离合器主缸拆卸的主要步骤有哪些?

3. 离合器的分离与接合原理是什么?

项目八　变速传力总成变速机构检修

学习目标

完成本项目学习后，你应能：
1. 正确选择并使用变速器检修的工具；
2. 说出变速器检修的注意事项；
3. 写出手动变速器输入轴输出轴拆检的方法步骤；
4. 列举手动变速器的常见故障及解决方法。

建议学时

6 学时。

一、桑塔纳 2000 系列轿车手动变速器的结构

桑塔纳 2000 系列轿车采用五挡手动变速器，由传动机构、操纵机构、变速器壳体等组成，其结构紧凑、噪声低、操作灵活可靠。该变速器的五个前进挡均装有锁环惯性式同步器，换挡轻便，所有挡位都采用防跳挡措施。

桑塔纳 2000 系列轿车五挡手动变速器的结构如图 8-1 所示。图 8-2 所示为桑塔纳 2000 系列轿车五挡变速器传动原理图。当驾驶人挂上某一挡位时，动力由输入轴传入变速器，通过相啮合的齿轮副将动力由输出轴传至主减速器，在变速器中实现了变速、变扭的作用。变速器设置有超速挡（传动比小于 1），主要用于在良好路面或空车行驶时，提高汽车的燃料经济性。桑塔纳 2000 系列轿车五挡手动变速器的性能参数见表 8-1。

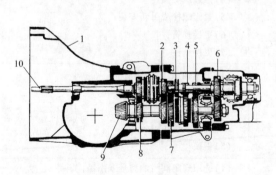

图 8-1　变速器的结构

1-变速器壳体；2-输入轴三挡齿轮；3-倒挡齿轮；4-倒挡轴；5-输入轴一挡齿轮；6-输入轴五挡齿轮；7-输出轴二挡齿轮；8-输出轴四挡齿轮；9-输出轴；10-输入轴

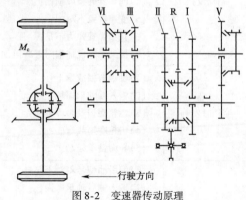

图 8-2　变速器传动原理

桑塔纳2000系列轿车五挡手动变速器的性能参数　　　　表8-1

项　　目	2000型(五挡手动)
型号	013　300　043B
尺寸(长×宽×高)(mm×mm×mm)	712×410×362
速比(齿轮比) Ⅰ Ⅱ Ⅲ Ⅳ Ⅴ R	3.455(38:11) 1.944(35:18) 1.286(36:28) 0.969(31:32) 0.800(28:35) 3.176(38:12)
润滑油规格	SAE75W-90 MIL-L-2105 API/GL-5
润滑油容量(L)	2.0
总成质量(kg)	36

二、变速器常见故障

变速器的常见故障有换挡困难、自动跳挡、异响和漏油等,变速器的常见故障与排除方法见表8-2。

变速器常见故障与排除方法　　　　表8-2

故障现象	故　障　原　因	故　障　排　除　方　法
换挡困难	(1)换挡杆件调整不当; (2)换挡拨叉弯曲; (3)同步器故障或维修后弹簧安装不正确	(1)调整; (2)更换或校正; (3)更换损坏件或同步器总成,或重新装合同步器
自动跳挡	(1)换挡杆件调整不当; (2)齿轮端隙过大; (3)轴承磨损过大; (4)同步器磨损或损伤; (5)变速器壳不对中; (6)自锁弹簧弹力不足; (7)拨叉轴定位球槽附近磨损、损伤	(1)调整; (2)更换齿轮; (3)更换轴承; (4)修理或更换; (5)紧固螺栓或重新安装; (6)更换弹簧; (7)更换新件
空挡时发响	(1)轴承磨损或发干; (2)输入轴轴承损坏; (3)齿轮磨损及轮齿折断; (4)齿轮磨损或弯曲; (5)导向轴承松动	(1)更换轴承、添加润滑油; (2)更换; (3)更换齿轮; (4)更换或校正; (5)更换
啮合时发响	(1)润滑油型号不对不足; (2)输入轴后轴承磨损; (3)输出轴上的齿轮磨损; (4)同步器磨损或损伤; (5)更换齿轮时没有成对更换	(1)选用规定润滑油型号或添足; (2)更换; (3)更换; (4)更换; (5)应成对更换新件

续上表

故障现象	故障原因	故障排除方法
漏油	(1)润滑油油面太高; (2)密封件破损; (3)壳体上的紧固螺钉松动; (4)变速器通气管堵塞	(1)排放多余的润滑油; (2)更换密封件; (3)按规定力矩拧紧; (4)检查并排除

三、变速器检修

(一)工具设备

(1)通用工具:压床、32件套筒工具(12.5mm)、扭力扳手、力易得12件套螺丝刀、梅花开口扳手套件、尖嘴钳、鲤鱼钳、大力钳、卡簧钳一套、橡胶锤、木棒、铜棒;游标卡尺、塞尺。

(2)专用工具,如图8-3所示。

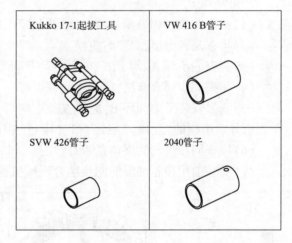

图8-3 专用工具

(二)变速器检修注意事项

1. 衬垫、油封

(1)每次修理必须更换密封垫圈和O形圈。

(2)轴油封装入前,在外径上涂上一层薄油,在唇形密封圈之间的空隙内填满润滑油脂。轴油封装入后,检查变速器的油面,必要时须添加到注油口边缘。

(3)接合面须保持清洁。密封剂应涂均匀,不要太厚,且通气孔应保持通畅。

2. 调整垫片

(1)用千分卡多点检测调整垫片不同的公差,可以精确地测出所需的垫片的厚度。

(2)检查边缘是否有损坏。只准装入完好的调整垫片。

3. 挡圈、锁圈

(1)修理中须调整挡圈及锁圈。不要将挡圈拉开过度。

(2)安装时必须将挡圈、锁圈放在规定的槽内并且就位。

(3)每次修理应更换弹簧销,其安装位置在纵向槽内。

(4)敲进或敲出换挡拨叉夹紧套筒时要用锤子顶住,以免拨叉轴滑槽变形。

4. 螺栓、螺母

(1)固定盖和罩壳的螺栓和螺母应交叉拧紧和拧松。对于特别易损的部件,例如:离合器压盘要摆正,并逐步对角拧紧和拧松。

(2)按规定的力矩拧紧自锁螺栓和螺母。

5. 轴承

(1)将有标志的一面的滚针轴承(壁厚较大)朝向安装工具。

(2)在轴与轴承之间涂一层润滑油。

(3)变速器内的全部轴承都要使用变速器油。摩擦力矩应予以检查,注油时要特别小心。

6. 润滑油

该变速器不需换油,只有当进行某些需放油修理时,才更换。

7. 同步环

(1)不要互换。如果需要再次使用同步环,应当总是安装在原来的同步齿轮上。

(2)检查是否磨损,必要时更换。

(3)检查同步环 A 槽(箭头1)和内环是否有扁平现象(槽磨损)。

(4)如果同步环有涂层,涂层不允许损坏。

(5)如果安装了中间环 B,应检查此中间环的外摩擦面(箭头2)和内摩擦面(箭头3)。是否有异常磨损的"烧焦""痕迹"和"(因过热而发生的)蓝色褪色现象"。如图 8-4 所示。

(6)检查同步齿轮的锥体是否有"烧焦"和"异常磨损的痕迹"。

(7)安装前用齿轮油湿润同步啮合机械机构。

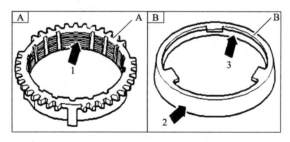

图 8-4 同步环检查

8. 齿轮和同步器齿毂

(1)同步器齿毂在压入前进行清洁并加热到大约 100℃。

(2)齿轮在压入前加热到大约 140℃。

(3)可以使用轻便电炉或电磁炉 VAS 6414 来加热,如图 8-5 所示。

(4)可以用温度计 V.A.G 1558 检测温度,如图 8-5 所示。

(5)记录安装位置。

(三)变速传动机构检修

变速器传动机构由输入轴、输出轴及其上的齿轮组成。输入轴和输出轴的分解分别如图 8-6 和图 8-7 所示。

项目八 变速传力总成变速机构检修

a) VAS6414

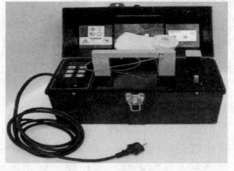
b) V.A.G1558

图 8-5　V. A. G 1558 和 VAS 6414

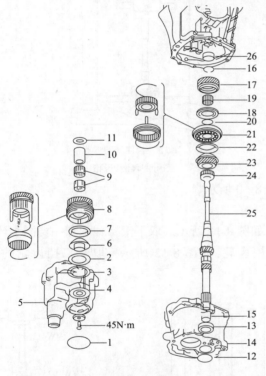

图 8-6　输入轴分解图

1-后轴承的罩盖；2-挡油圈；3-锁环；4-输入轴后轴承；5-变速器后盖；6-五挡同步器套管；7-五挡同步环；8-五挡同步器和齿轮；9-五挡齿轮滚针轴承；10-五挡齿轮滚针轴承内圈；11-固定垫圈；12-锁环；13-中间轴承；14-轴承支座；15-中间轴承内圈；16-有齿的锁环；17-四挡齿轮；18-四挡同步环；19-四挡齿轮滚针轴承；20-锁环；21-三挡和四挡同步器；22-三挡同步环；23-三挡齿轮；24-三挡齿轮滚针轴承；25-输入轴；26-输入轴滚针轴承

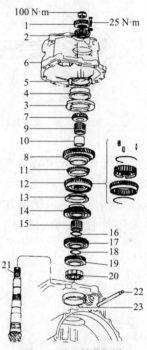

图 8-7　输出轴分解图

1-五挡齿轮；2-输出轴外后轴承；3-轴承保持架；4-后轴承外圈；5-调整垫片 S3；6-轴承支座；7-输出轴内后轴承；8-一挡齿轮；9-一挡齿轮滚针轴承；10-一挡齿轮滚针轴承内圈；11-一挡同步环；12-一挡和二挡同步器；13-二挡同步环；14-二挡齿轮 15-二挡齿轮滚针轴承；16-挡环；17-三挡齿轮（凸缘应转向四挡齿轮）；18-挡环；19-四挡齿轮（凸缘应转向锥主动齿轮）；20-输出轴前轴承；21-输出轴；22-圆柱销；23-输出轴前轴承外圈

117

1. 整套齿轮的拆卸
(1)拆卸变速器。
(2)拆下变速器后盖。
(3)拆下轴承支座。
(4)拆下整套齿轮。
2. 输入轴的拆卸
(1)拆下四挡齿轮的有齿锁环。取下四挡齿轮、同步环和滚针轴承。
(2)拆下同步器锁环,如图8-8所示。
(3)取下三挡和四挡同步器。三挡同步环和齿轮,如图8-9所示。取下三挡齿轮的滚针轴承。

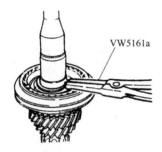

图8-8 拆下同步器锁环

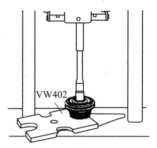

图8-9 取下三挡四挡同步器、
三挡同步环及齿轮

(4)取下输入轴的中间轴承内圈,如图8-10所示。
3. 输出轴的拆卸
(1)拆下输出轴内后轴承和一挡齿轮,如图8-11所示。取下滚针轴承和一挡同步环。
(2)取下外轴承的内圈、同步器和二挡齿轮,如图8-12所示。取下二挡齿轮的滚针轴承。

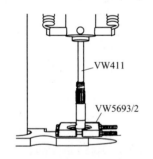

图8-10 取下输入轴中间轴承内圈

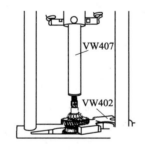

图8-11 拆下内后轴承和一挡齿轮

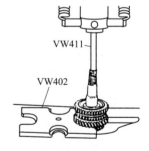

图8-12 拆下滚针轴承内圈、
同步器和二挡齿轮

(3)拆下三挡齿轮的锁环、三挡齿轮,如图8-13所示。
(4)拆下四挡齿轮的锁环、四挡齿轮,如图8-14所示。
(5)拆下输出轴的前轴承。
4. 输入轴、输出轴的安装
(1)检查主减速器主动锥齿轮的情况。如果已经损坏,同主减速器从动锥齿轮一起更换,并计算从动锥齿轮和主动锥齿轮调整垫片厚度。

(2)检查所有齿轮和轴承的损坏情况。如需要更换,除更换所损坏的外,还需将其他轴上的相应齿轮更换。

(3)用钢丝刷清洗同步环的内锥面,如图8-15所示。

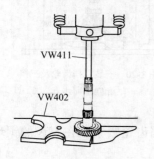
图8-13 拆下三挡齿轮

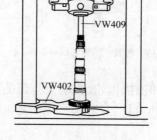
图8-14 拆下四挡齿轮

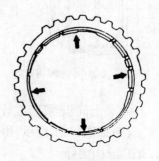
图8-15 清洗同步环内锥面

(4)在更换一挡齿轮滚针轴承的内圈或输出轴的后轴承时,计算输出轴的调整垫片厚度。

(5)将同步环压在各自齿轮的锥面上,检查间隙 A 值,如图8-16所示。间隙 A 的规定值见表8-3。将同步环贴在极其平滑的表面上(平板、玻璃等)对其扭曲进行分析。用轻度的压力将同步环装在各自齿轮的锥面上,移动齿轮的锥环,对过度的侧面间隙(成椭圆形)进行分析,如图8-17所示。如果出现上述任何一种不正常现象,就应更换同步环。

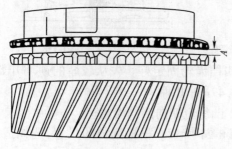
图8-16 检查间隙

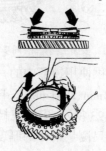
图8-17 检查同步环

间 隙 A 值　　　　　　　　　　　表8-3

同 步 环	间隙 A (mm)	
	新的零件	磨损的限度
一挡和二挡	1.10～1.17	0.5
三挡和四挡	1.35～1.90	0.5
五挡	1.10～1.70	0.5

(6)装上中间轴承的内圈,如图8-18所示。将预先润滑过的三挡齿轮滚针轴承装上,把油槽转向二挡齿轮。

(7)如图8-19所示,组装三挡和四挡同步器。

(8)如图8-20所示,装上三挡齿轮及三挡和四挡同步器,装上锁环。

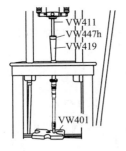
图8-18　安装中间轴承内圈

图8-19　组装三挡和四挡同步器

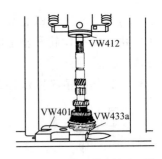
图8-20　安装三挡齿轮及三挡和四挡同步器

（9）装上同步器环、滚针轴承和四挡齿轮，再装上有齿的锁环。

（10）如图8-21所示，用2kN的力将三挡齿轮、同步器和四挡齿轮紧紧压在有齿的锁环上，把总成固定好。

（11）将前轴承装在输出轴上。

（12）如图8-22所示，装上四挡齿轮。用手扶住前轴承，齿轮有凸缘的一边应朝向轴承。

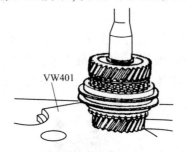
图8-21　安装三挡齿轮、同步器和四挡齿轮

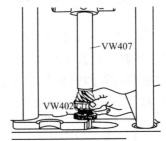
图8-22　安装四挡齿轮

（13）利用可供使用锁环中的一个将四挡齿轮固定好。先从较厚的锁环开始，锁环厚度有：2.35mm、2.38mm、2.41mm、2.44mm、2.47mm几种。

（14）如图8-23所示，安装三挡齿轮。凸缘应朝向四挡齿轮。

（15）利用塞尺测量销环的厚度，如图8-24所示。根据测得的尺寸，选择适当的锁环装上，见表8-4。

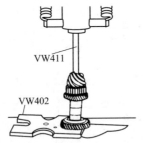
图8-23　安装三挡齿轮

图8-24　测量销环的厚度

表8-4　锁环厚度的选择

锁环测得尺寸(mm)	锁环选择厚度(mm)	锁环测得尺寸(mm)	锁环选择厚度(mm)
小于1.6	1.5	1.6或大于1.6	1.6

（16）安装滚针轴承、齿轮和二挡同步环。

（17）装配一挡和二挡同步器，如图8-25所示。在同步器凹槽中的细槽应转向装拨叉槽的对面一边，如图8-26所示。同步器壳体有三个凹口，凹口上有三个凹陷的内齿。在安装中，三个凹口和槽应吻合，这样可以安装销环，然后，装止动弹簧，相互间隙120°，弯的一端应嵌入锁环中的一个之内，如图8-27～图8-29所示。

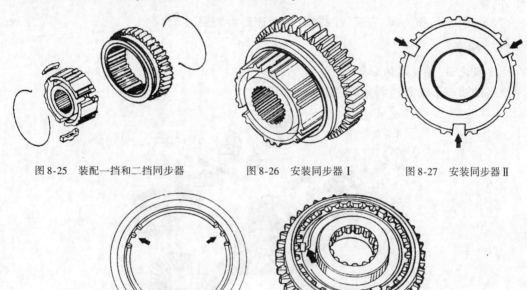

图8-25　装配一挡和二挡同步器　　图8-26　安装同步器Ⅰ　　图8-27　安装同步器Ⅱ

图8-28　安装同步器Ⅲ　　图8-29　安装同步器Ⅳ

（18）装上一挡和二挡同步器，如图8-30所示。同步器壳体的槽应朝一挡齿轮。

（19）装上一挡齿轮滚针轴承的内圈，如图8-31所示。装上一挡同步环、一挡齿轮、一挡齿轮滚针轴承。只要更换了轴承支座、输出轴后轴承、一挡齿轮的滚针轴承内圈、主减速器从动锥齿轮和主动锥齿轮总成中的任何一个零件，就要计算调整垫片S3的值。

（20）装上内后轴承，如图8-32所示。

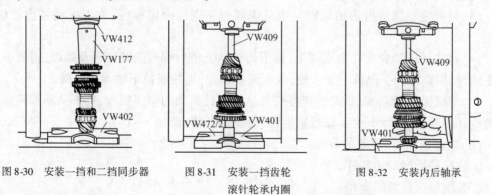

图8-30　安装一挡和二挡同步器　　图8-31　安装一挡齿轮滚针轮承内圈　　图8-32　安装内后轴承

（21）将输入轴和输出轴装在轴承支座上，将轴承支座装在变速器壳体上。

（22）将变速器后盖装在变速器轴承支座上。

四、主减速器、差速器的拆装与调整

(一)工具

(1)常用工具:14~17、17~19、19~22、22~24、24~27梅花扳手各一把,鲤鱼钳、手锤、木槌、铜棒。

(2)专用工具:扭力棒、套筒、拉拔器、主减速器拆装架。

(二)检修

1. 主减速器、差速器的分解

桑塔纳轿车手动差速器分解,如图8-33所示。

图8-33 桑塔纳轿车差速器分解

(1)松开差速器轴承盖紧固螺栓,取下差速器轴承盖及调整螺母将差速器连同圆柱从动齿轮一起从主减速器壳中取出,用拉器拉出差速器轴承内座圈。

(2)松开主减速器中间轴左右侧盖,固定螺栓,取下侧盖将主动圆柱齿轮轴连同从动锥齿轮一起从主减速器壳中取出,用拉器拉下中间轴两端的轴承内座圈。

(3)松开主动圆柱齿轮轴承座与主减速器壳一周的固定螺栓,取下主动锥齿轮轴承座总成。

(4)将主动锥齿轮夹在台虎钳上,拆下齿轮轴上槽形螺母的开口销及螺母,再取下凸缘,拆下油封,用铜棒和手锤拆下锥齿轮,取下调整垫片,用拉器拉下轴承内座圈。

(5)分解差速器总成:拆开差速器壳及从动圆柱齿轮的紧固螺栓,拆下从动圆柱齿轮,用扁錾撬开差速器壳,取下十字轴行星齿轮、垫圈及半轴齿轮。

(6)主减速器、差速器的装配。

①装配是拆卸的逆顺序。

②装配时应注意的事项:

a. 各机件装配时标记应对正。

b. 从动锥齿轮应装在加油口的一端。

c. 差速器壳与紧固螺钉都有方向性,应注意原拆原装。
d. 有力矩要求的螺栓,按要求力矩拧紧。
a)主动轴前端槽形螺母拧紧力矩为 196～294N·m。
b)差速器壳紧固螺栓拧紧力矩为 98～180N·m。
c)差速器轴承盖大螺母拧紧力矩为 167N·m。

2. 主要零件的检查
(1)检查各轴承磨损情况。
(2)检查各齿轮磨损情况。
(3)检查主减速器、差速器有无裂纹,半轴齿轮及星齿轮垫片接触情况。

3. 主减速器,差速器的调整
(1)主动轴支承轴承的预紧度调整(用加减垫片来调整,加垫片预紧度减小或增大)。
(2)中间轴支承轴承的预紧度调整(用加减垫片来调整,加垫片预紧度减小或增大)。
(3)主动锥齿轮与从动锥齿轮啮合间隙、啮合位置的调整。用调整垫片加减来进行调整间隙。整个调整按调整原则来进行:大进从,小出从,顶进主,根出主。
(4)半轴齿轮与行星齿轮啮合间隙的调整:用改变垫片的厚度来调整。
(5)主动圆柱齿轮与从动圆柱齿轮啮合位置的调整:用差速器轴承座上的调整螺母来进行调整。

4. 常见故障
(1)现象:
①行驶时有异响,滑行时异响减弱或消失。
②行驶响,滑行也响。
③直线行驶不响,转弯时响。
(2)原因:
①各啮合齿轮间隙过大。
②半轴齿轮与行星齿轮不匹配。
③各齿轮轴承松旷。
④各轴承预紧力过大。
⑤行星齿轮、半轴齿轮磨损或折断。
⑥差速器十字轴轴颈磨损,垫圈磨薄。
(3)诊断:
①转弯行驶时有异响或车身有振动,说明差速器有故障。
②行驶与滑行均有异响时应原地察听,加以诊断。
③行驶中异响随转速增加而增大,驱动桥发热说明齿轮啮合间隙过小,轴承紧、缺油、润滑油变质或润滑油规格不符。

5. 主减速器的修理
(1)轴承磨损严重应更换。
(2)齿轮有严重磨损、剥落、裂纹应更换,如轻微可用油石磨光后继续使用。
(3)半轴齿轮行星齿轮垫孔接触面有沟槽应更换。

五、大众02T手动变速器检修

(一)注意事项

(1)拧在变速器壳体上有涂层的螺栓要更换。
(2)轴承支架与输入轴、输出轴拆卸后必须更换。
(3)严格按照维修手册的要求进行拆装。
(4)正确使用专用工具。
(5)以往维修变速器的常用规则必须遵守。
(6)用过的密封件,不能重复使用。
(7)壳体零件拆卸后,要清除安装接合面上的旧密封胶残余物,安装时再均匀涂上一层密封胶,密封胶不要涂得太厚,以免密封胶混入变速器齿轮油中。

(二)输入轴分解

(1)用卡簧钳拆下卡簧。
(2)用油压机和KUKK017/1等专用工具拆下四挡齿轮、滚柱轴承内圈及平垫片。
(3)用油压机和SVW401等专用工具将三、四挡同步器齿毂和3挡齿轮一起压出,如图8-34所示。
(4)检查三、四挡同步器齿环磨损情况,如图8-35所示。

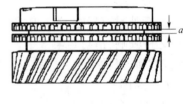

间隙 a	新件尺寸	磨损极限
3/4 与 5 挡齿轮	1.1~1.7mm	0.5mm

图8-34 专用工具使用　　　　图8-35 同步器组装

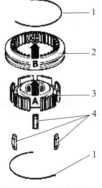

图8-36 同步器组装
1-卡簧;2-齿套;3-齿毂;4-滑块

(三)输入轴装配

(1)装入三挡齿轮、同步器齿环。
(2)组装三、四挡同步器齿毂、齿套和滑块等,注意齿毂上较深的槽(箭头"A")对准齿,如图8-36所示。
(3)安装三、四挡同步器齿毂、齿套和滑块时,三、四档同步器齿毂端面的标志槽应朝向四挡。
(4)用油压机等专用工具压入三、四挡同步器齿毂和四挡滚针轴承内圈,注意齿毂端面标志槽朝向四挡。
(5)用油压机等专用工具压入四挡滚针轴承内圈。
(6)装四挡滚针轴承、四挡齿轮、同步器齿环和平垫片。

(7) 用油压机等专用工具压入滚柱轴承内圈"A"。

(8) 装卡簧。若更换输入轴、平垫片或滚柱轴承内圈,则需安装厚度为2mm的卡簧。并向上压卡簧(箭头),用塞尺测量卡簧(A)和滚柱轴承内圈(B)之间的间隙,查表确定卡簧厚度,见表8-5。不同厚度的卡簧,可以在零件目录上查找并定购。

卡 簧 厚 度 表　　　　　　　表8-5

测量值(mm)	卡簧厚度(mm)	允许间隙(mm)	测量值(mm)	卡簧厚度(mm)	允许间隙(mm)
0.05~0.10	2.0	0.05~0.15	0.35~0.40	2.3	0.05~0.15
0.15~0.20	2.1	0.05~0.15	0.45~0.50	2.4	0.05~0.15
0.25~0.30	2.2	0.05~0.15			

(9) 选出合适厚度的卡簧,用卡簧钳安装卡簧。

(四) 输出轴分解

(1) 取出一挡齿轮、拆下卡簧。

(2) 用Kukko17/1或VW402等专用工具拆下1/2挡同步器齿毂和二挡齿轮,如图8-37所示。

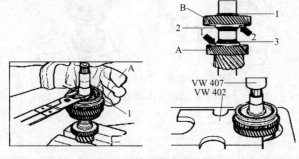

图8-37 拆下齿毂和齿轮
A-四挡齿轮;B-三挡齿轮;1~3-卡簧

(3) 拆下卡簧,压出三挡、四挡齿轮。

(4) 检查1/2挡同步器齿环磨损情况,如图8-38所示。

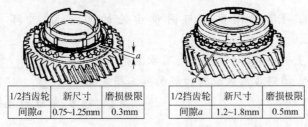

1/2挡齿轮	新尺寸	磨损极限
间隙a	0.75~1.25mm	0.3mm

1/2挡齿轮	新尺寸	磨损极限
间隙a	1.2~1.8mm	0.5mm

图8-38 1/2挡同步器检查

(五) 输出轴装配

(1) 压入四挡齿轮(A),齿轮端面凸台(箭头1)朝向三挡齿轮,装上两个卡簧。压入三挡齿轮(B),齿轮端面凸台(箭头2)朝向四挡齿轮,装卡簧。

(2) 装二挡齿轮和同步器,用40-21和VW402等专用工具压入1/2挡同步器齿毂和齿套;齿轮端面凸台(箭头2)朝向四挡,装卡簧,如图8-39所示。

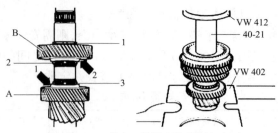

图 8-39　装配二挡同步器和齿轮

A-四挡齿轮；B-三挡齿轮；1～3-卡簧

(3) 装 1/2 挡同步器齿毂和齿套时需注意：同步器凸台和缺口的位置要对齐；1/2 挡同步器齿毂端面的标志槽(箭头 A)朝向二挡；1/2 挡齿套上的倒挡齿轮端面(箭头 C)朝向二挡，如图 8-40 所示。

(4) 装卡簧，装一挡同步器齿环和一挡齿轮。

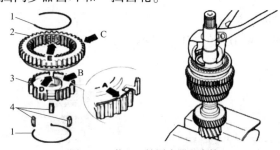

图 8-40　装配二挡同步器和齿轮

1-卡簧；2-齿套；3-齿毂；4-滑块

思考与练习

一、填空题

1. 013 变速器由_____机构、_____机构、_____等组成，其_____、_____、操作灵活可靠。

2. 02T 中三锥面同步器同步环与同步齿轮的间隙为：外环_____mm，内环_____mm。

3. 02T 变速器装上一挡和二挡同步器，同步器壳体的槽应朝_____。

4. 02T 变速器 3/4 挡同步器装配时齿毂的标志槽应朝_____。

5. 齿轮有严重_____、_____、_____磨损、剥落、裂纹应更换。

二、多项选择题

1. 主减速器检修的主要零件有(　　)。
   A. 轴承　　　　B. 齿轮　　　　C. 半轴　　　　D. 齿轮

2. 主减速器的调整参数主要有(　　)。
   A. 齿轮位置　　B. 轴承预紧度　C. 间隙　　　　D. 温度

3. 轴承在拆装中应注意(　　)。
   A. 涂油润滑　　B. 标记侧朝工具　C. 成对更换　　D. 随意换位

4.常用量具有( )。
   A.塞尺　　　　　B.游标卡尺　　　　C.百分表　　　　D.外径千分尺
5.变速器检修中油封及衬垫需要注意事项有( )。
   A.清洁　　　　　B.涂油　　　　　　C.检查油量　　　D.更换密封圈
6.变速器拆装常用工具有( )。
   A.压床　　　　　B.扭力扳手　　　　C.铜棒　　　　　D.手锤

三、判断题

1.变速器中有标志的一面的滚针轴承应背向安装工具。　　　　　　　　　　(　　)
2.变速器不需换油,只有当进行某些需放油修理时,才更换。　　　　　　　(　　)
3.变速器中同一个同步器的同步环可以互换。　　　　　　　　　　　　　　(　　)
4.变速器齿轮拆装前需加热。　　　　　　　　　　　　　　　　　　　　　(　　)
5.通用工具能够拆卸就行,专用工具可以不用。　　　　　　　　　　　　　(　　)
6.密封垫拆下后应更换新的。　　　　　　　　　　　　　　　　　　　　　(　　)
7.013变速器传动比最大的挡位是倒挡。　　　　　　　　　　　　　　　　(　　)
8.02T变速器1/2挡同步器是3锥面同步器。　　　　　　　　　　　　　　(　　)
9.常说的几挡变速器,是指有几个前进挡的变速器。　　　　　　　　　　　(　　)
10.变速器中倒挡齿轮采用直齿齿轮传动。　　　　　　　　　　　　　　　(　　)

四、看图填空

1.看图8-41写出部件名称。

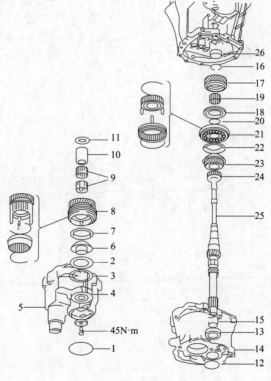

图8-41　习题图1

16.＿＿＿＿＿＿；17.＿＿＿＿＿＿；18.＿＿＿＿＿＿；
21.＿＿＿＿＿＿；22.＿＿＿＿＿＿；23.＿＿＿＿＿＿；
24.＿＿＿＿＿＿。

2. 看图 8-42 写出部件名称。

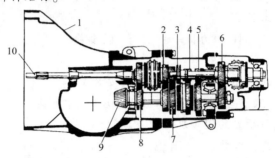

图 8-42　习题图 2

1.＿＿＿＿＿＿；2.＿＿＿＿＿＿；3.＿＿＿＿＿＿；
4.＿＿＿＿＿＿；5.＿＿＿＿＿＿；6.＿＿＿＿＿＿；
7.＿＿＿＿＿＿；8.＿＿＿＿＿＿；9.＿＿＿＿＿＿；
10.＿＿＿＿＿＿。

五、简答题

1. 引起换挡困难的因素有哪些？

2. 变速器在装配前需要做哪些检修？

3. 差速器常见故障有哪些？原因是什么？

项目九　转向系统检修

学习目标

完成本项目学习后,你应能:
1. 知道转向系统结构特点;
2. 学会转向系统的检查方法;
3. 学会常见故障分析;
4. 知道典型故障表现;
5. 进行方向机拆装。

建议学时

6学时。

我们平时开车,控制好转向盘就能让车往我们想要的方向行驶,很少会探究转向盘是如何使车轮转向的。那么当转向出现不听指唤时,我们要从哪里来入手?

一、转向系统的功用

汽车转向系统是用来改变汽车行驶方向的专设机构的总称。转向系统是指由驾驶人操纵,能实现转向轮偏转和回位的一套机构。转向系统的功用是按照驾驶人的意志改变汽车的行驶方向和保持汽车稳定的直线行驶。

二、转向系统的分类及基本组成

(一) 汽车转向系统按转向能源的不同分类

(1) 机械转向系统:以驾驶人的体力为转向能源,其中所有的传力件都是机械零件。

(2) 液压助力转向系统:兼用驾驶人的体力和发动机动力为转向能源,其转向系统中需要增加动力转向装置。

(3) 电动助力转向系统:以驾驶人的体力和电能为转向能源,其转向系统中需要增加电动装置或者电液装置。

(二) 机械转向系统

机械转向系统是用纯人力驱动各种机械机构的组合,通过将人力放大、变向等步骤来操纵轮胎的转动。其特点是:一目了然、结构简单、可靠性强,但使用费力,稳定性、精确性、安全性无法保障,如图9-1所示。

机械转向系统主要由:转向器、转向操作机构、转向传动机构组成。

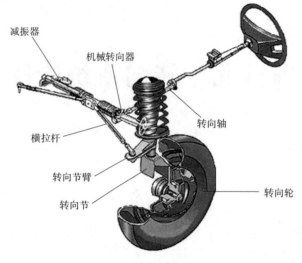

图 9-1 机械转向系统

1. 转向器

(1) 转向器是转向系统中的减速增矩传动装置。转向器的作用是把来自转向盘的转向力矩和转向角进行适当的变换（主要是减速增矩），再输出给转向拉杆机构，从而使汽车转向，所以转向器本质上就是减速传动装置。

(2) 按转向器的传动副的结构形式不同分为：齿轮齿条式转向器、循环球式转向器、蜗杆曲柄指销式转向器、蜗杆滚轮式转向器。本文仅讨论常见的齿轮齿条式转向器。

(3) 齿轮齿条式转向器优点是结构简单，可靠性好，便于独立悬架的布置，成本低，转向灵敏，轻便、体积小，应用广泛。

(4) 原理：利用齿轮顺时针或逆时针方向的转动带动齿条左右移动，再通过横拉杆推动转向节，带动转向轮，达到转向目的，如图 9-2 所示。

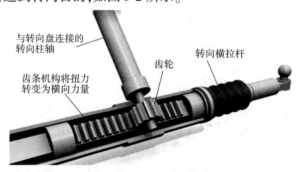

图 9-2 齿轮齿条式转向器

(5) 齿轮齿条式转向器组成如图 9-3 所示。

2. 转向操作机构

转向操纵机构：转向盘到转向器之间的所有零部件总称。作用是将驾驶人作用在转向盘上的力传递到转向器。由转向盘、转向管柱、转向轴等组成，如图 9-4 所示。

3. 转向传动机构

(1) 从转向器到转向轮之间的所有传动杆件总称为转向传动机构。

(2) 作用：将转向器输出的力和运动传给转向轮，使两侧转向轮偏转以实现汽车转向，并保证左右转向轮的偏转角按一定关系（确保转向轮与地面的相对滑动尽可能小）变化。

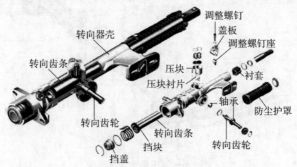

图9-3 齿轮齿条式转向器

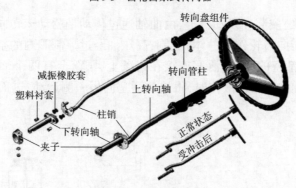

图9-4 转向操纵机构

(3) 组成：横拉杆、转向节臂、转向节等。图9-5所示，是与独立悬架配用的两种转向传动机构。

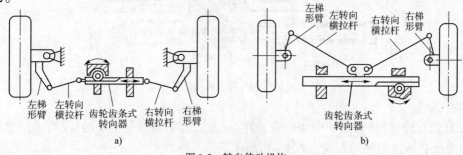

图9-5 转向传动机构

当转向轮采用独立悬架时，为了满足转向轮独立运动的需要，转向桥是断开式的，转向传动机构中的转向梯形也必须断开。

与独立悬架配用的多数是齿轮齿条式转向器，转向器布置在车身上，转向横拉杆通过球头销与齿条及转向节臂相连。

(三) 液压助力转向系统

1. 组成

液压助力转向系统由机械转向器、转向控制阀、转向动力缸、转向油泵、转向储油罐、高压油管、低压油管（回油管）组成，如图9-6所示。

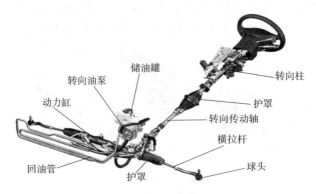

图 9-6 液压助力转向系统

2. 原理

转向油泵(助力泵)安装在发动机上,由曲轴通过传动带驱动运转向外输出油压,供油油压由转向控制阀(和转向齿轮作为一体)控制,高压油经过控制阀内的空隙进入动力缸两端,动力缸是一个中心有活塞的圆筒,活塞连接在齿条上,圆筒上有两个油孔,分别位于活塞的两侧,当向活塞的一侧注入高压液体时,将迫使活塞向另一侧运动,进而带动齿条运动,提供辅助动力,如图 9-7 所示。

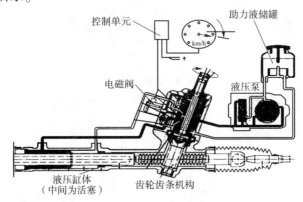

图 9-7 液压助力转向系统

3. 工作过程

(1)直线行驶时,活塞处于中间位置,油缸的左右腔的油压是平衡的,没有油压推动齿条移动,助力没有施加到转向系统,如图 9-8 所示。

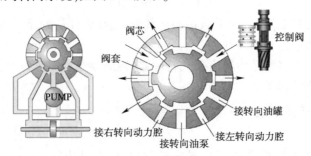

图 9-8 直线行驶

（2）右转向时，通过转向阀的分配，高压油进入油缸的左腔。在高压油的作用下，活塞推动齿条向右移动，推动车轮右转，如图9-9所示。

（3）左转向时，通过转向阀的分配，高压油进入油缸的右腔。在高压油的作用下，活塞推动齿条向左移动，推动车轮左转，如图9-10所示。

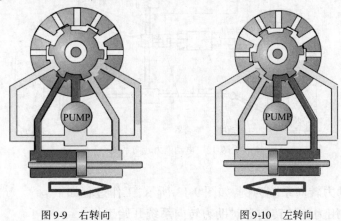

图9-9　右转向　　　　　　　图9-10　左转向

（四）电动助力转向系统

1. 组成

电动助力转向系统是在传统机械转向系统的基础上发展起来的。它利用电动机产生的动力来帮助驾驶人进行转向操作，电动助力转向系统主要由三大部分构成：信号传感装置（包括转矩传感器、转角传感器和车速传感器），转向助力机构（电动机、离合器、减速传动机构）及电子控制装置，如图9-11所示。

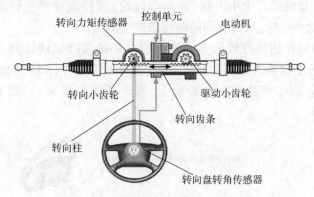

图9-11　电动助力转向系统

2. 工作原理

驾驶人在操纵转向盘进行转向时，转矩传感器检测到转向盘的转向以及转矩的大小，将电压信号输送到电子控制单元（ECU），电子控制单元根据转矩传感器检测到的转矩电压信号、转动方向和车速信号等，向电动机控制器发出指令，使电动机输出相应大小和方向的转向助力转矩，通过离合器和减速机构将辅助动力施加到转向系统（转向轴）中，从而产生辅助动力，如图9-12所示。

汽车不转向时，电子控制单元不向电动机控制器发出指令，电动机不工作。

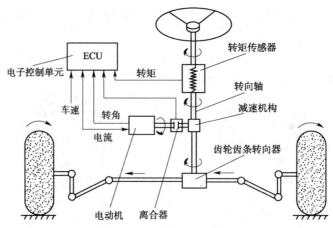

图 9-12 电动助力转向系统

3. 工作过程

以大众电动助力转向系统为例,如图 9-13 所示,工作过程如下。

(1)当驾驶人用力旋转转向盘时助力转向系统开始工作。

(2)作用在转向盘上的力矩使转向小齿轮旋转,转向力矩传感器 G269 将计算出的转向力矩传给控制单元 J500。

(3)转向盘转角传感器 G85 将正确的转向盘转动的角度传给控制单元 J500,同时转矩传感器将正确的转动速度传给控制单元 J500。

(4)根据转向力、发动机转速、车速、转向盘转角、转向盘转速以及存储在控制单元中的特性曲线图,控制单元计算出必要的助力力矩并控制电动机开始工作。

(5)由电动机驱动的第二个小齿轮(驱动小齿轮)提供能量产生转向助力,电动机是通过一个蠕动齿轮驱动小齿轮,从而驱动转向齿条产生助力。

(6)助力转向力矩和施加在转向盘上的力矩总和是最终驱动转向齿条上的有效力矩。其中转向齿轮负责传送驾驶人施加的转向力矩,驱动齿轮传送电动机械转向助力器电动机提供的助力。电动机安装在驱动齿轮上,当电动机失灵时,可以确保仍能进行机械转向。

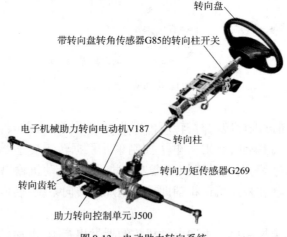

图 9-13 电动助力转向系统

4.优缺点

相比传统液压动力转向系统,电动助力转向系统具有以下优点:

(1)只在转向时电动机才提供助力,可以显著降低燃油消耗。

(2)转向助力大小可以通过软件调整,能够兼顾低速时的转向轻便性和高速时的操纵稳定性,回正性能好。

(3)结构紧凑,质量轻,生产线装配好,易于维护。

(4)通过程序的设置,电动助力转向系统容易与不同车型匹配,可以缩短生产和开发的周期。

电动助力转向系统具有以下缺点:

(1)直接助力式电动转向系统提供的辅助动力较小,难以用于大型车辆。

(2)减速机构、电动机等部件会影响汽车的操纵稳定性,正确匹配整车性能至关重要。

(3)使用电动机、减速机构和转矩传感器等部件,增加了系统的成本。

(五)四轮转向系统

汽车的四轮转向(简称4WS)是指汽车在转向时,4个车轮都可相对车身主动偏转,使之起到转向作用,以改善汽车的转向机动性能。

按照后轮转向机构控制和驱动方式的不同,四轮转向可分为机械式、液压式、电控机械式、电控液压式和电控电动式等几种类型。目前使用最广泛的4WS系统为电控液压式,主要用于前轮采用液压助力转向系统的汽车中,如图9-14所示。

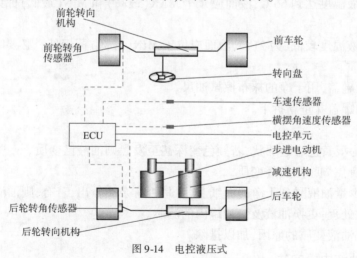

图9-14 电控液压式

三、转向系统的检查

(一)转向盘自由行程的检查

转向盘自由行程是指车轮不偏转,转向盘自由转过的最大角度。它是转向系统各机件配合间隙的综合反映。转向盘的自由行程有利于缓和路面冲击,避免驾驶人过度紧张,因而转向盘应有合适的自由转动量。但转向盘的自由转动量不宜过大,否则将使转向灵敏度下降,影响行车安全。

根据《机动车运行安全技术条件》(GB 7258—2017)的规定,最大设计车速大于或等于

100km/h 的机动车,其转向盘的最大转动量不得大于 10°;最大设计车速小于 100km/h 的机动车,则不得大于 15°。

转向盘自由行程可按下列步骤检查。

(1)将点火开关置于 ON 位置,以使动力转向做好工作准备。

(2)将车轮对准正前位置。

(3)用手向左向右慢慢转动转向盘,并检查转向盘的自由行程。一般为 10°~15°,若为 25°~30°时,则需要调整。

(二)转向横拉杆的检查

(1)检视横拉杆是否弯曲。

(2)检查转向拉杆是否有裂纹等损伤。

(3)检视转向球头销与销座。

(4)检查球头销弹簧。

(5)检查防尘罩是否完好。

(三)转向油液的添加与检查

注意:在添加或完全更换油液时,务必使用适合的动力转向液。如果使用不正确油液,会导致软管和密封件损坏和油液泄漏。

(1)动力转向液液面是用透明储液罐上的标记或储液罐盖上的油尺标记指示的。

(2)如果油液温度达到 66℃,液面应介于 MAX(最高)和 MIN(最低)标记之间。必要时添加油液。

(3)如果油液温度较低,为 21℃,液面应位于 MIN(最低)标记处。必要时添加油液。

(4)检查油质。

①旋下储油罐盖,用干净的抹布擦拭油尺。

②拧上储油罐盖并重新拆下。

③观察油液。

a. 颜色:应为淡黄色半透明状,若颜色变深甚至发黑则油液已变质。

b. 气味:若有焦糊味则已经变质。

c. 杂质:将少量油液醮到干净的面纸上,看是否有杂质析出,若有,则油液已变质。

④油液变质处理:更换油液及储油罐内的滤芯。

⑤找出导致油液变质的原因,加以排除。

(四)排除油液中的空气

(1)检查液压油位,若不符合标准需进行添加或抽出。

(2)举升汽车,使前轮离地。

(3)将转向盘在发动机停止状态下从一侧极限位置转到另一侧极限位置 10 次。

(4)检查液压油位,必要时添加。

(5)放下汽车。

(6)起动发动机。

(7)将转向盘从一侧极限位置转到另一侧极限位置 10 次。

(8)检查液压油位,必要时添加。

四、典型故障

机械转向系统的常见故障部位主要有:转向盘自由行程、转向传动机构连接处、转向器等。机械转向系统的常见故障主要包括:转向沉重和转向轮抖动等。这些故障现象通常为综合性故障,除与转向系统有关外,还可能与轮胎、悬架、车身等有关。

(一)机械转向系统转向沉重

根据《机动车运行安全技术条件》(GB 7258—2017)的规定,机动车在平坦、硬实、干燥和清洁的道路上行驶,以 10km/h 的速度在 5s 之内沿螺旋线从直线行驶过渡到直径为 24m 的圆周行驶,施加于转向盘外缘的最大切向力不得大于 254N。

1. 故障现象

汽车行驶中,驾驶人向左、右转动转向盘时,感到沉重费力,无回正感;汽车低速转弯行驶和掉头时,转动转向盘感到非常沉重,甚至打不动。

2. 故障主要原因及处理方法

转向沉重的根本原因是转向轮气压不足或定位不准,转向系统传动链中出现配合过紧或卡滞而引起摩擦阻力增大。具体原因主要有:

(1)转向轮轮胎气压不足,应按规定充气。

(2)转向轮本身定位不准或车轴、车架变形造成转向轮定位失准,应校正车轴和车架,并重新调整转向轮定位。

(3)转向器主动部分轴承调整过紧或从动部分与衬套配合太紧,应予调整。

(4)转向器主、从动部分的啮合间隙调整过小,应予调整。

(5)转向器缺油或无油,应按规定添加润滑油。

(6)转向器壳体变形,应予校正。

(7)转向管柱、转向轴弯曲或套管凹瘪造成互相碰擦,应予修理。

(8)转向纵、横拉杆球头连接处调整过紧或缺油,应予调整或添加润滑脂。

(9)转向节主销与转向节衬套配合过紧或缺油,或转向节止推轴承缺油,应予调整。

图 9-15 所示为转向沉重部分常见故障原因的诊断流程诊断思路。

(二)机械转向系统转向轮抖动

1. 故障现象

汽车在某低速范围内或某高速范围内行驶时,出现转向轮各自围绕自身主销进行角振动的现象。尤其是高速时,转向轮摆振严重,握转向盘的手有麻木感,甚至在驾驶室可看到汽车车头晃动。

2. 故障主要原因及处理方法

转向轮抖动的根本原因是转向轮定位不准,转向系统连接部件之间出现松旷,旋转部件动不平衡。具体原因主要有:

(1)转向轮旋转质量不平衡或转向轮轮毂轴承松旷,应予校正动平衡或更换轴承。

(2)转向轮使用翻新轮胎,应予更换。

（3）两转向轮的定位不正确，应予调整或更换部件。
（4）转向系统与悬架的运动发生干涉，应予更换部件。
（5）转向器主、从动部分啮合间隙或轴承间隙太大，应予调整或更换轴承。
（6）转向器垂臂与其轴配合松旷或纵、横拉杆球头连接松旷，应予调整或更换。
（7）转向器在车架上的连接松动，应予紧固。

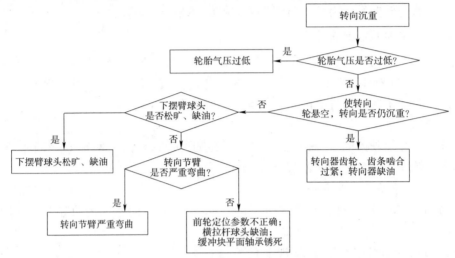

图 9-15 转向沉重诊断思路

图 9-16 所示为转向轮抖动部分常见故障原因的诊断流程诊断思路。

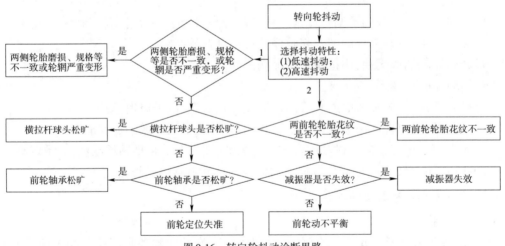

图 9-16 转向轮抖动诊断思路

(三) 液压助力车辆转向沉重

1. 故障现象

汽车行驶中，驾驶人向左、右转动转向盘时，感到沉重费力，无回正感；汽车低速转弯行驶和掉头时，转动转向盘感到非常沉重，甚至打不动。

2. 故障主要原因及处理方法

转向沉重故障一般由液压转向助力系统失效或助力不足，机械传动机构损坏或调整不当引起。具体原因主要是：

(1)转向油罐油液油量不足或规格不对,应使用正确的油液并调整到规定高度。
(2)油路堵塞或不畅,应予检修。
(3)油路中有泄漏现象,应予检修排除。
(4)油路中有空气,应予排气。
(5)转向泵传动带损坏或打滑,应予调整或更换。
(6)调节阀失效,使输出压力过低,应予更换或调整。
(7)转向机构调整不当,应予调整等。

3. 故障诊断方法

检查转向油罐中油液是否不足,规格是否不对和有无气泡,检查管接头有无松动,转向泵传动带张紧力是否正常。

将转向盘向左右极限位置来回转动,如果左右转向都沉重,故障在转向泵、液压缸或转向传动机构;如果左右转向助力不同,故障在控制阀。

图9-17所示为动力转向系统转向沉重助力部分常见故障原因的诊断流程。

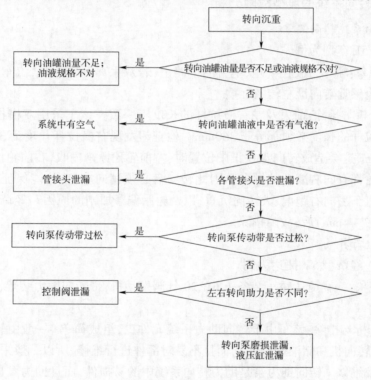

图9-17 转向沉重诊断思路

(四)转向噪声

1. 故障现象

汽车转向时,转向系统出现过大的噪声。

2. 故障主要原因及处理方法

装有动力转向系统的汽车,在发动机起动后,转向助力泵的溢流阀中出现液流噪声是正常的,但噪声过大甚至影响转向性能时,该噪声应视为故障。因助力系统引起转向噪声的原因主要是：

(1) 转向泵损坏或磨损严重，应予修理或更换。

(2) 转向泵传动带打滑，应予调整或更换。

(3) 控制阀性能不良，应予检修。

(4) 系统中渗入空气，应予排气。

(5) 管道不畅，应予检修等。

3. 故障诊断方法

(1) 转向时发出"咔哒"声，在已排除转向泵叶片噪声的情况下，则由转向泵带轮出现松动引起。

(2) 转向时发出"嘎嘎"声，由转向泵传动带打滑引起。

(3) 转向时转向泵发出"咯咯"声，是由于系统中有空气；发出"嘶嘶"声，而且系统无泄漏，转向泵传动带张紧度也合适，则由油路不畅或控制阀性能不良引起。

(五) 汽车转向系统的典型故障分析

1. 动力转向系统转向沉重

以某 V6 2.5L 车型为例。

(1) 故障现象：轿车行驶在平坦、笔直的公路上，若双手离开转向盘，汽车将马上向右跑偏。平时开车也感觉转向盘左转向沉重。

(2) 故障分析与排除：前束及左右横拉杆的长度不一致。该车采用双横拉杆结构，要求安装时左右横拉杆的长度必须都等于360mm。检查却发现右横拉杆长度为330mm，左横拉杆长度为365mm，这会造成转向盘在正中位置时，左前轮比原来内收，右前轮比原来外张，直线行驶中两前轮都有向右滚动的倾向。因此转向盘必须稍向左打，才能保证汽车沿直线行驶。这也正是汽车易向右跑偏、大转向沉重，以及轮胎偏磨加剧的原因。经调整等长且前束值达到规定值(2~4mm)后，故障排除。

2. 转向系统有异响

以 Jetta CT_经济型5V 捷达为例。

(1) 故障现象：一辆捷达轿车装备1.6L、20气阀发动机，带转向助力装置，在打转向盘时有"吱、吱"异响。

(2) 故障分析与排除：该车由于转向助力系统元件少，组成简单(一般由转向助力泵、高低压油管、助力转向机和储油壶组成)，而且不易对部件进行维修，所以一般采用换件修理法进行故障诊断及维修。转向助力泵是助力转向系统中的易损件，而且助力泵出现故障，一般都会在打转向盘过程中出现异响，所以先将转向助力泵更换，故障依然存在。认真观察故障现象，打转向盘过程中，用手摸助力泵和高压管，随着"吱、吱"声手摸处感到异常振手，类似于转向打到头的现象，分析原因还是油路不畅，于是又进行了更换转向机和高压油管的工作，故障还是存在，整个系统只剩转向机和高压油储油壶没有更换了。最后准备更换剩下的部件，把助力油放掉后，偶然发现储油壶的进油管直径略小，而且油孔中有一注塑毛边，挡住1/3的油道，故障应该就在此了。更换转向助力油储油壶，进行加油排气工作，起动发动机打转向盘，故障消失。

五、齿轮齿条式转向器拆装

(一)齿轮齿条式转向器

齿轮齿条式转向器的结构如图9-18所示。

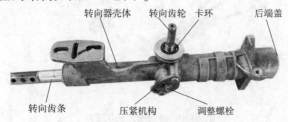

图9-18　齿轮齿条式转向器

转向器通过转向器壳体的两端用螺栓固定在车身(车架)上。齿轮轴通过球轴承、滚柱轴承垂直安装在壳体上,其上端通过花键与转向轴上的万向节相连,其下部分是与轴制成一体的转向齿轮。转向齿轮是转向器的主动件。它与相啮合的从动件转向齿条水平布置,齿条背面装有压簧垫块。在压紧弹簧的作用下,压簧垫块将转向齿条压靠在转向齿轮上,保证二者无间隙啮合。调整螺塞可用来调整压簧的预紧力。压簧不仅起消除啮合间隙的作用,而且还是一个弹性支承,可以吸收部分振动能量,缓和冲击。

转向齿条的中部通过拉杆支架与左、右转向横拉杆连接。转动转向盘时,转向齿轮转动,与之相啮合的转向齿条沿轴向移动,从而使左、右转向横拉杆带动转向节转动,使转向轮偏转,实现汽车转向。

(二)宝来、高尔夫 A4 转向器

宝来、高尔夫 A4 转向器总成如图9-19所示。

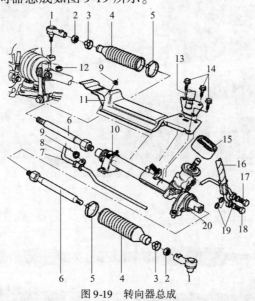

图9-19　转向器总成

1-拉杆球头;2-紧固螺栓;3-卡箍;4-防尘罩;5-卡箍;6-拉杆;7-带橡胶嵌入件的卡子;8-回油管;9-螺栓;10-带橡胶座的卡子;11-隔热板;12-自锁螺母;13-换挡机械部分轴承支架;14-螺栓;15-密封垫;16-油管;17、18-中空螺栓;19-密封环;20-转向机

(三)齿轮齿条式转向器拆装

1. 从车上拆下转向器总成

(1)松开转向控制阀上转向助力液压管路,如图 9-20 所示。

图 9-20　转向助力液压管路

(2)松开转向器与车架固定螺栓,如图 9-21 所示。

图 9-21　转向固定螺栓

(3)松开转向拉杆球头,从车上取下转向器总成,如图 9-22 所示。

图 9-22　转向拉杆球头

(4)从转向机总成上取下转向减振器、转向横拉杆及支架,如图 9-23 所示。

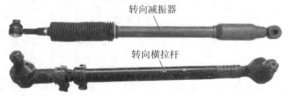

图 9-23　转向减振器、转向横拉杆

(5)取出预紧机构,如图9-24所示。

(6)取出卡环及转向齿轮,如图9-25所示。

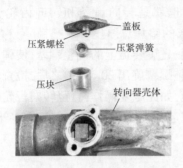

图9-24　转向器预紧机构　　　　图9-25　转向齿轮

(7)取出卡环、后挡盖、弹簧、转向齿条,如图9-26所示。

(8)齿轮齿条式转向器分解完毕,如图9-27所示。

图9-26　转向齿条　　　　图9-27　转向器分解

2.装配及调整

(1)安装转向齿轮。

①将上轴承和下轴承压在转向齿轮轴轴颈上,轴承内座圈与齿端之间应装好隔圈。

②把油封压入调整螺塞。

③将转向齿轮及轴承一块压入壳体内。

④装上调整螺塞及油封,并调整转向齿轮轴承预紧度。手感应无轴向窜动,转动自如,转向齿轮的转动力矩符合原厂规定,一般约为0.5N·m。

⑤按原厂规定力矩紧固锁紧螺母,并装好防尘罩。

(2)装入转向齿条等部件。

①装入转向齿条。

②安装齿条衬套。转向齿条与衬套的配合间隙不得大于0.15mm。

③装入转向齿条导块、隔环、导块压紧弹簧、调整螺塞(弹簧帽)及锁紧螺母。

(3)调整。

转向齿条与转向齿轮的啮合间隙也称为转向齿条的预紧力,其调整机构如图9-22所示。因结构的差异,调整方法也有所不同。但常见的有两类:一是改变转向齿条导块与盖之间的垫片厚度来调整转向齿条与转向齿轮轮齿的啮合深度,完成预紧力的调整;另一种方法是用盖上的调整螺塞改变转向齿条压块与弹簧座之间的间隙值,保证啮合深度,即预紧力的调整。

其预紧力的调整步骤是:先不装弹簧以及壳体与盖之间的垫片,进行x值得调整,使转向

齿轮轴上的转动力矩为 1~2N·m，然后用塞尺测量 x 值；第三步在 x 值上加 0.05~0.13mm，此值就是应加垫片的总厚度，也就是转向齿条和转向齿轮合格的啮合间隙所要求的垫片总厚度。

有弹簧座时，先旋转盖上的调整螺塞，使弹簧座与导块接触，将调整螺塞旋出 30°~60° 之后，检查转向齿轮轴的转动力矩，如此重复操作，直至转向齿轮的转动力矩符合原厂规定，最后紧固锁紧螺母，如图 9-28 所示。

图 9-28　预紧调整

思考与练习

一、填空题

1. 汽车转向系统的功用是保证汽车能按驾驶人的意愿进行_____和_____行驶。
2. 转向系统的类型：_____、_____。
3. 机械转向系统以_____作为转向能源，所有传递力的构件都是机械的，主要由_____、_____和_____三大部分组成。

二、看图填空

1. 写出图 9-29 中零件名称。

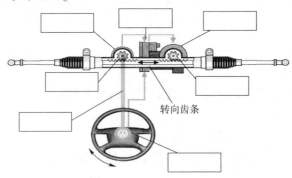

图 9-29　电动转向系统

2. 写出图 9-30 中零件名称。

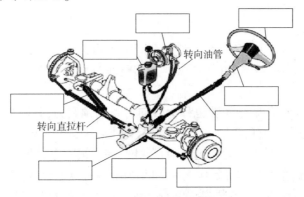

图 9-30　液压助力转向系统

三、简答题
1. 转向器的作用是什么?

2. 对比液压式转向系统和电动式转向系统,各有什么优缺点?

3. 液压助力转向系统如图 9-31 所示,在做什么运动?工作过程是怎样?写在空白处。

图 9-31 液压助力转向系统

4. 试分析机械转向系统转向沉重的原因。

项目十　悬架系统检修

学习目标

完成本项目学习后,你应能:
1. 正确说出一汽大众悬架的结构特点;
2. 描述一汽大众悬架系统部件常见损伤形式;
3. 对一汽大众悬架系统典型故障现象进行分析;
4. 对一汽大众产悬架系统进行维护作业;
5. 知道一汽大众悬架部件拆装所用工具及拆装注意事项。

建议学时

6 学时。

一、系统结构特点

(一)全新 CC

(1)采用麦弗逊式独立前悬架和多连杆独立后悬架,如图 10-1 和图 10-2 所示,比 CC 配备的多连杆独立前悬架和纵臂扭转梁式半独立后悬架(复合扭转梁式半独立后悬架),更具操控性和舒适性。

图 10-1　CC 麦弗逊前悬架

图 10-2　CC 多连杆独立后悬架

(2)麦弗逊独立悬架可为驾驶舱提供更大空间,S 形偏心弹簧可减少减振器侧向受力。后减振器与弹簧采用分离设计,使底盘布置游刃有余,有效提升行李舱空间。

(3)全新一代 CC 还拥有气液混合 Tenneco 双向筒式减振器,成熟的"BOCS"阀系设计,实现更精确灵活的阻尼力调整范围,让其更适合中国路况的阻尼特性。

(二)迈腾

(1)独立悬架前桥是通过四连杆摇臂和一根转向拉杆进行导向的。四连杆为轻质铝锻成型件,通过球铰链操纵转向节臂,转向节臂由空心薄壁铸铁件制成,转向节柱采用球墨铸铁,两者都具有很高的抗弯和抗扭强度。两个前轮分别由四根相互独立的连杆和转向节带动,从而保证主销内倾角、轮胎中心与转向管柱间距参数具有较高的精度和稳定性,避免了制动力和驱动力对转向系统的干扰。上部导向平面的两根摇臂连杆与车身连接,下部导向平面的两根摇臂连杆与副车架连接,相互间用弹性元件连接。悬架弹簧下部质量小、惯性小,能有效减小地面不平所造成的振动,进一步改善平顺性。此外,管型材料副车架具有较高的承载能力,在副车架和车身间采用大容积的金属橡胶支撑,有效降低了底盘在路面运行中产生的噪声和振动,大大提高了乘坐的舒适性,如图10-3所示。

(2)后桥采用德国大众专利技术的复合扭转梁式半独立悬架,又称纵臂扭转梁式半独立后悬架,将弹簧与减振器分开布置,并增加了一根抗扭梁,结构简单,使车身底板平整,增强了后桥抗弯能力,从而增强了安全性、并增加了行李舱的宽度。螺旋弹簧通过橡胶减振元件与车身和纵摆臂连接,减振器上端通过铝合金橡胶支撑与车身连接,下端用铰链固定。减振橡胶改善了行驶的舒适性,布置在后桥支撑前的稳定杆提高了侧倾刚度,鼓形结构的弹簧(一般为锥形、圆柱形)压缩高度小,减少了对车身的冲击,如图10-4所示。

图10-3 迈腾四连杆独立前悬架

图10-4 迈腾复合扭转梁式后悬架

(三)捷达

(1)麦弗逊式前悬架:由螺旋弹簧、稳定杆、控制臂等结构组成。螺旋弹簧在筒式减振器的外面,主销的轴线为上下铰链中心的连线。当车轮上下跳动时,因减振器的下支点随横摆臂摆动,主销轴线的角度也跟随变化,因此车轮是沿着摆动的主销轴线而运动。麦弗逊式悬架具有良好的行驶稳定性,在当今轿车上广泛使用,其最大的优点是增大了两前轮内侧的空间,便于布置发动机等部件。其结构简单、布置紧凑,增加的横摆臂改善了滑动立柱的受力情况,悬架横向刚度提高,使前轮上下跳动时位移变化幅度大大减小,有利于增强操纵稳定性。

(2)复合扭转梁式半独立后悬架(独立式+非独立式):该悬架在单纵臂式独立悬架的基础上,增设了横向"V"形断面横臂,起到稳定器的作用,因而省去了后稳定杆,明显减轻质桥质量;同时大大提高了后桥抗扭抗弯能力,增强了其极限抗冲击能力,确保了良好的操纵稳定性，同时也使车身地板平整，结构简单，拆装方便，有效扩大了行李舱空间。复合式悬架弹性效果好，主弹簧为螺旋弹簧，辅助弹簧由蜂窝状聚氨酯弹性塑料制成，有效减小振动，增加乘坐舒适性。该悬架采用了德国大众经过多年优化的成熟专利技术，并针对中国路况采用了增设加强筋和表面强化处理等先进技术，悬架结构布置紧凑，更安全可靠。

（3）气液减振器：比普通减振器使用寿命提高一倍以上。它利用气体与液体不同的物理特性，快速吸收路面不平带来的冲击能量，消除颠簸感，同时提高了轮胎抓地力，令操控性更好，从而增加了驾乘时的安全舒适感。

二、部件常见损伤形式

（1）减振器漏油，如图10-5所示。

图10-5 漏油

（2）螺旋弹簧断裂，如图10-6所示。

图10-6 断裂

（3）防尘套损坏，如图10-7所示。

图10-7 防尘套损坏

(4)缓冲胶垫损坏,如图10-8所示。

图10-8　缓冲胶垫损坏

(5)连接螺栓松动,如图10-9所示。

图10-9　连接螺栓松动

三、悬架系统常见故障分析

(一)异响

(1)故障现象:汽车行驶中,每上下振动,悬架装置就发出"咯咯"的响声,说明悬架装置工作不正常。

(2)故障原因:

①减振器损坏,减振器漏油,油量不足。

②减振器胶套破损。

③紧固螺栓松动,铰链点磨损、老化或损坏。

④弹簧折断等。

⑤活塞与缸筒磨损,配合松旷。

(3)故障检查与排除方法。

正常的减振器工作时会发热,如果不发热或发现减振器漏油,说明减振器已经损坏。检查时还应检查减振器胶套的情况,如发现破损,应及时与减振器一起更换。

(二)减振器失效

1. 故障现象

汽车在不平道路上行驶时车身强烈振动并连续跳动。有时在一定速度范围内会发生

"摆头现象"。

2.故障原因

(1)减振器连接脱落或橡胶衬套磨损破裂。

(2)减振器油量不足或进空气。

(3)减振器阀门密封不良。

(4)减振器活塞与缸筒磨损过量,配合松旷。

(三)故障诊断与排除

(1)检查减振器连接状况,各橡胶衬套连接孔是否损坏、脱焊、脱落和破裂。若有,应视情修理或更换。

(2)察看减振器外部有无漏油,若有,应更换左右两个减振器。

(3)用撬胎棒撬动与减振器连接处,检查橡胶衬套是否损坏,若损坏,应及时更换。

(4)故障诊断程序。常见故障症状有:行驶平顺性差、车辆跑偏、转向不稳等。以行驶平顺性故障为例,一般诊断程序见表10-1。

行驶平顺性故障诊断程序　　　　　　　　　　　表10-1

步骤	操作	是	否
1	是否查阅了"一般说明"并进行了必要的检查?	转至步骤2	熟悉系统
2	(1)重要注意事项:检查并确认车辆悬架系统组件的常规选装件; (2)检查并确认行驶平顺性是太软还是太硬; (3)车辆行驶平顺性感觉是否正常	系统正常	转至步骤3
3	检查轮胎充气压力并调整至规定值。是否调整好了轮胎气压	转至步骤6	转至步骤4
4	检查车辆车身调平高度。是否发现并排除了故障	转至步骤6	转至步骤5
5	检查以下悬架部件是否磨损或损坏: 减振器——参见"悬架滑柱和减振器测试-车上"。弹簧是否发现并排除了故障	转至步骤6	
6	(1)行驶车辆,检验修理效果; (2)故障是否已排除	系统正常	转至步骤3

四、悬架系统维护作业

(一)目测检查车身倾斜情况

将车辆停于水平地面上,确认轮胎气压正常,以及乘员舱和行李舱没有多余重物,然后振动几次车辆的前部和后部,以使悬架系统处于稳定状态。目测检查车辆的前、后、左、右是否有高度异常,如图10-10所示。技术标准:车辆左右两侧的车身高度不大于25.4mm。若异常,则检查、修理或更换悬架系统损坏的零件。

(二)检查减振器

1.就车检查减振器的减振效果

就车检查减振器的减振效果,如图10-11所示。

图 10-10　目测检查车身倾斜情况　　　　图 10-11　检查减振器的减振效果

(1) 在车辆的四个角落，用手抬起和压下车辆的每个角来回 3 次。
(2) 将双手从车辆上移开。
(3) 找出振动超过 2 次的减振器或滑柱。

2. 目测检查螺旋弹簧是否损坏

同轴两侧的螺旋弹簧的长度应基本一致，没有裂纹或断裂，没有严重的锈蚀痕迹。如有，则应同时更换同轴左右两个螺旋弹簧，以保持车辆左右两侧的高度相同，如图 10-12 所示。

图 10-12　检查前后螺旋弹簧

3. 目测检查减振器下端是否损坏

减振器下端应安装稳固，没有裂纹和严重的锈蚀痕迹，如图 10-13 所示。

图 10-13　前后减振器下端

4. 目测检查减振器是否损坏

检查减振器活塞杆上端的橡胶防尘保护管,应完好不开裂。支柱表面应无凹陷、裂纹和严重锈蚀。若有,应更换,如图 10-14 所示。

5. 目测检查减振器是否漏油

减振器在工作过程中,高温油液蒸发的油雾会附着于筒臂周围,道路上的泥土会黏附其上形成一层"油泥",或者在减振器的外表面仅有轻微的油迹,并且油迹干枯无光泽,都属于正常现象,不必更换。如果筒上不仅有油泥而且有油渍或油滴,则可认为减振器油液渗漏,应更换减振器总成,如图 10-15 所示。

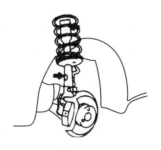 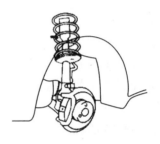

图 10-14　检查减振器是否损坏　　　　图 10-15　检查减振器是否漏油

(三) 检查悬架连接杆各球节间隙是否出现松旷

举升汽车,检查各球节是否间隙过大和橡胶保护套损坏。球节在纵向和横向上都应该没有间隙,如果出现间隙,应更换球节,如图 10-16 所示。

(四) 目测检查横向稳定杆有无弯曲变形

若存在变形或裂纹,只能更换新件,不允许在前悬架支承装置和导向装置部件上进行焊接和校直修复。检查横向稳定杆的橡胶支座和橡胶衬套,若衬套损坏和老化,应更换,如图 10-17 所示。

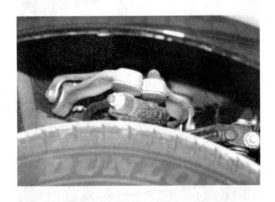 

图 10-16　检查悬架连接杆各球节间隙　　　图 10-17　目测检查横向稳定杆有无弯曲变形

(五) 目测检查上、下各连杆件是否变形损坏

若存在变形或裂纹,只能更换新件,不允许在前悬架支承装置和导向装置部件上进行焊接和校直修复。检查各橡胶衬套的损坏和老化情况,若损坏,则更换,如图 10-18 所示。

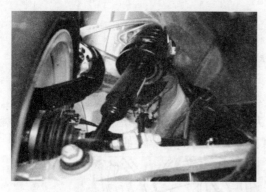 

图 10-18　目检上、下连杆是否损坏

五、更换方法及注意事项

(一) 安全操作规范

(1) 悬架系统很多零部件都处于高压和张紧状态下。这些零件包括减振器、弹簧和扭杆弹簧。拆卸这些部件的方法不正确时,它们会猛烈地弹出来,对人造成严重的伤害。从车上拆卸这些部件前,应确保所有的张力已经从这些部件上释放。

(2) 轴承清洗干净后,一定不要用高压空气吹干轴承,因为轴承内的钢球会吹出,对人造成严重的伤害。

(3) 在拆卸麦弗逊滑柱部件时,记住有些部件上有高张力。从汽车上拆卸这些部件前,首先要释放掉其张力或压力。此时,需要其他物体来支撑。

(4) 悬架系统的零部件都很重。搬动零件或总成的过程中,要小心不要压伤手指或手。

(5) 很多部件和总成必须按照正确的顺序拆卸。不正确的拆卸会导致零件坠落或弹簧意外弹出。从车上拆卸悬架零件时,一定要按照制造商建议的程序操作。

(6) 悬架系统维修过程中,一定要佩戴安全防护眼镜,并且按照正确的程序举升汽车。

(二) 拆卸前减振器单元

(1) 拆掉传动轴的六角螺栓(注意:车轮轴承不能加载)。

(2) 拆卸车轮。

(3) 从悬架支柱拆卸平衡杆连杆上的六角螺母,如图 10-19 所示。

(4) 从悬架支柱上松开车轮速度传感器的导线。

(5) 拆卸下摆臂与球铰链固定的螺母,如图 10-20 所示。

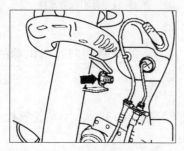 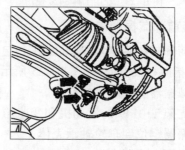

图 10-19　平衡杆连杆上的六角螺母　　图 10-20　平衡杆连杆上的六角螺母

(6)将下摆臂从球铰链中拉出。

(7)将传动轴的外万向节从轮毂中拉出,并将传动轴用线绳挂在车身上。

注意:若传动轴未吊挂在车身上,将损坏传动轴的内万向节。

(8)将下摆臂重新安装到球铰链上。

(9)将带支架T10149的发动机和变速器支架V.A.G 1383 A用车轮螺栓拧到轮毂上,如图10-21所示,此时对 a 的高度没有要求,是为了在以后拆掉前部减振器单元后,对轮毂轴承壳有一个支撑作用,拆卸轮毂轴承壳和前减振器之间的固定螺栓如图10-22所示。

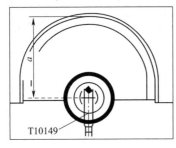 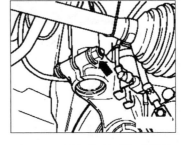

图10-21 专用工具使用　　　　图10-22 拆卸前减振器固定螺栓

(10)将推出器3424插入轮毂轴承壳体的槽中,转动推出器3424 90°,如图10-23所示。

(11)用手将制动盘压向前减振器。否则,减振器会在轮毂轴承壳体的孔中倾斜。

(12)向下拉轮毂轴承壳体并向下放发动机和变速器支架V.A.G 1383 A,直到减振器在轮毂轴承壳体中自由松动。

(13)用线绳将轮毂轴承壳体紧固到副车架上。

(14)从轮毂上拆卸发动机和变速器支架V.A.G 1383 A。

(15)拆卸前风窗玻璃排水槽盖板。

(16)从减振器上部松开六角螺栓,如图10-24所示。并取出悬架支柱。

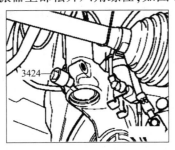 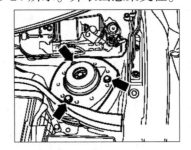

图10-23 专用工具3424使用　　　　图10-24 拆卸六角螺栓

(三)安装前部减振器单元

(1)安装前部减振器单元,减振器柱上支承有箭头的一侧朝向发动机舱的内侧,标记中的任1个箭头指向行驶方向,如图10-25所示。

(2)拧紧减振器上部六角螺钉。

(3)将带支架T10149的发动机和变速器支架V.A.G 1383 A用车轮螺栓拧到轮毂上。

(4)将减振器定位到车轮轴承壳体上。

(5)小心地用变速器支架V.A.G 1383 A升起轮毂轴承壳体,直到可以将固定减振器和轮毂轴承壳体的螺钉插入(注意:使用新的自锁螺母,螺栓的头必须指向行车方向)。

(6)在升起的同时用手将制动盘压向前减振器,否则,减振器会在车轮轴承壳体的孔中倾斜。

(7)拆卸轮毂轴承壳体中的推出器3424。

(8)拧紧轮毂轴承壳体与前减振器之间的固定螺栓,如图10-26所示。

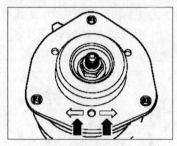

图10-25 朝向发动机舱标记

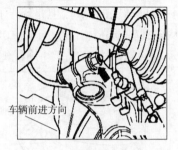

图10-26 拧紧固定螺栓

(四)拆卸前悬架弹簧

(1)所需专用工具,如图10-27所示。

(2)用V.A.G 1752/1压缩前悬架弹簧,直到顶部的平面轴承松动。

(3)注意弹簧把持装置V.A.G 1752/4(图10-28),在螺旋弹簧上的正确位置。拆掉减振器顶端的螺母。

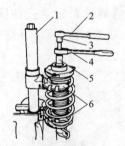

图10-27 专用工具

1-弹簧张紧装置V.A.G 1752/1;2-扭力扳手例如V.A.G 1332;3-套筒插件T10001/8;4-棘轮T10001/11;5-套筒插件T10001/5;6-弹簧把持装置V.A.G 1752/4

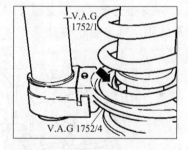

图10-28 螺栓旋弹簧上的正确位置

(4)用V.A.G 1752/1放松前悬架弹簧,取出减振器柱上支承和悬挂弹簧等零件。

(五)装配前悬架弹簧

(1)用V.A.G 1752/1压缩前悬架弹簧,并将悬架弹簧装入到底部弹簧座圈上。

注意:弹簧末端必须紧靠止位挡块,如图10-29所示。

(2)更换新的螺母并拧紧到减振器轴的顶端。

(3)更换新的螺母并拧紧到减振器轴的顶端。

(4)拆除弹簧张紧装置V.A.G 1752/1,使悬架弹簧复位。

(5)拆卸轮毂轴承壳体。

(6)拆卸传动轴的六角螺栓(注意:车轮轴承不能加载)。

(7)拆卸车轮。

(8)拆卸该车轮的制动器,并用线绳悬挂在车身上。

(9)拆卸ABS速度传感器。

(10)拆卸制动盘。

(11)拆卸轮毂轴承壳体的盖板。

(12)松开横拉杆球销的螺母,但是不要拆下(为了保护球销螺纹),用球销拉出器3287A将横拉杆球销从轮毂轴承壳体上拆出(图10-30),为了保护球销螺纹再次旋上螺母。

(13)将传动轴从轮毂中拆出。并用线绳悬挂在车身上,如图10-30所示。

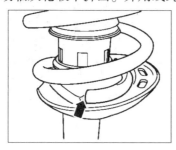

图10-29 弹簧末端紧靠止位挡块　　图10-30 拉出横拉杆

(14)拆卸轮毂轴承壳体和减振器的固定螺栓,将推出器3424插入轮毂轴承壳体的槽中并旋转90°,如图10-31所示。

(15)将发动机和变速器支架 V.A.G 1383 A 放置到轮毂轴承壳体底部,以防拆掉摆臂与球铰链的固定螺母后轮毂轴承壳体滑落,如图10-32所示。并将下摆臂从球铰链的螺栓中拆出。

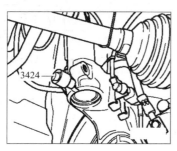 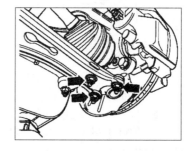

图10-31 传动轴固定　　图10-32 拆掉下摆臂固定螺母

(16)将轮毂轴承壳体从减振器中拔出。

(17)安装轮毂轴承壳体。

(18)安装按照拆卸相反顺序进行并参照前面所讲内容,但要注意以下几点:

①如果更换了车轮轴承壳体,则必须做车轮定位进行检测。

②更换所有的自锁螺母,并按规定力矩拧紧。

(六)后悬架系统部件的拆卸安装

1. 拆卸螺旋弹簧

插入弹簧压紧装置 V.A.G1752/1,压紧螺旋弹簧,直至将其取下,拆下螺旋弹簧。

2. 安装螺旋弹簧

将弹簧托盘和螺旋弹簧一起装入安装位置,放松弹簧,取出弹簧压紧装置。

仔细检查安装位置:弹簧末端(箭头所示)必须与弹簧轴承盘止点对齐,如图 10-33 所示。

3. 减振器的拆装

必须先拆下螺旋弹簧,举升车辆,使螺栓 1 有足够的空间拆卸,但车轮必须着地,拆下螺栓 1,如图 10-34 所示。

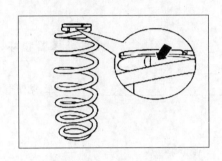
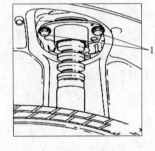
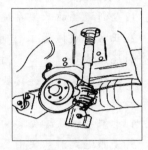

图 10-33 位置检查　　　　　图 10-34 拆卸螺栓
1—螺栓

安装时拧紧力矩:减振器与后桥固定螺栓拧紧力矩为 60N·m,并使用新螺栓。拧紧时,车辆后座必须承受一个人的质量。减振器与车身固定螺栓拧紧力矩为 75N·m,并使用新螺栓。

减振器功能检查:用手压减振器,活塞杆必须全长均匀运动并且伴有一定阻力。当减振器有充足气压时,活塞杆可回到其初始位置。若活塞杆能回到起始位置且不漏油,则减振器仍可继续使用。

(七)后悬架横梁更换方法及注意事项

(1)拆下轮胎。拆下后高度传感器总成。

(2)排出制动液。

(3)拆下车轮传感器和传感器线束。

(4)拆下制动钳总成。拆下制动盘。

(5)拆下驻车制动蹄总成。

(6)从底板和后悬架横梁上拆下驻车制动电缆。

(7)分开制动软管和制动管。

(8)将适当的千斤顶固定在后悬架横梁下方。

注意:切勿让千斤顶损坏悬架横梁和检查千斤顶顶起时的稳定状况。拆下后减振器装配螺栓。

(9)拆卸螺旋弹簧。

(10)拆下后悬架臂支架装配螺栓。

(11)松开后悬架臂横梁装配螺栓和螺母。

(12)慢慢放下千斤顶,从车辆上拆下后悬架臂支架和后悬架横梁。

注意：操作中请同时检查千斤顶的支撑状态是否稳定。

(13) 拆下轮毂总成。

(14) 从后悬架横梁拆下后悬架臂支架。

(15) 执行拆卸后检查。

思考与练习

一、填空题

1. 全新迈腾的悬架系统采用的是：_____、_____。
2. 正常的减振器工作时会_____，如果出现_____、_____，说明减振器损坏。检查时还应检查_____的情况，如发现破损，应及_____。
3. 在检查减振器连接状况时，当出现_____、_____、_____、_____应视情修理或更换。
4. 悬架系统故障会影响_____、_____、_____。
5. 麦弗逊式前悬架由_____、_____、_____等结构组成。
6. 悬架系统处于高压和张紧状态下的部件主要有：_____、_____和扭杆弹簧。
7. 减振器与后桥定螺栓拧紧力矩为_____。
8. 减振器与车身固定螺栓拧紧力矩为_____。
9. 横向稳定杆的橡胶支座和橡胶衬套若出现_____和_____时须更换。

二、判断题

1. 允许在前横向稳定杆悬架支承装置和导向装置部件上进行焊接和校直修复。（　）
2. 减振器外部有漏油时，应更换左右两支减振器。（　）
3. 用撬胎棒撬动与减振器连接处，检查橡胶衬套是否损坏，若损坏应及时更换。（　）
4. 用手朝轴向扳动横向连杆的轮轴侧，确定没有轴端间隙时，切勿在轮胎着地的情况下执行。（　）
5. 检查球节防尘罩时要小心不要损坏，切勿过度用力而损坏安装位置。（　）
6. 在减振器的外表面仅有轻微的油迹，并且油迹干枯无光泽，都属于不常现象，必须更换。（　）
7. 悬架系统维修过程中，一定要佩戴安全防护眼镜。（　）
8. 麦弗逊悬架拆卸减振器前首先要释放掉其张力或压力。（　）
9. 使用弹簧压缩器时务必将弹簧压缩器牢固扣住螺旋弹簧。（　）
10. 悬架系统的部件必须按照厂家的相关流程操作，否则很容易引发安全事故。（　）
11. 螺旋弹簧断裂后汽车在不平道路上行驶时，车身强烈振动并连续跳动，有时在一定速度范围内会发生"摆头现象"。（　）
12. 活塞杆锁紧螺母可以重复使用。（　）
13. 松开弹簧压缩器前应确定螺旋弹簧的位置没有移动，一边慢慢松开压缩器。（　）

三、看图填空

在横线上写出对应图10-35中损坏的部件名称。

图 10-35　习题图 1

四、简述题

1. 四连杆独立前悬架的特点是什么？

2. 如何就车检查减振器的减振效果？

3. 后减振器更换方法及注意事项有哪些？

项目十一 行驶系统检修

学习目标

完成本项目学习后,你应能:
1. 正确说出行驶系统的各个组成部件名称及其作用;
2. 正确说出车架、悬架、车桥和车轮的作用和类型;
3. 正确说出车桥的四种结构的组成部件;
4. 正确说出轮胎的标记字符的含义;
5. 知道车桥和轮胎的检查方法;
6. 知道轮胎的动平衡检查操作方法。

建议学时

6学时。

一、行驶系统构概述

汽车行驶系统是支持全车并保证车辆正常行驶的系统。

1. 行驶系统的组成

汽车行驶系统由车架、车桥、车轮和悬架等组成,如图11-1所示。

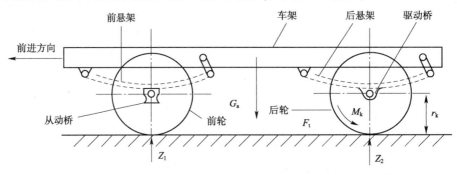

图11-1 行驶系统组成

2. 行驶系统的作用

(1)接受传动系统传来的发动机转矩,通过驱动轮与地面间附着作用产生驱动力。
(2)承受汽车的总质量,传递并承受路面作用于车轮上的各个方向的反力及其转矩。
(3)缓和不平路面对车身造成的冲击和振动,保证汽车平顺行驶。
(4)与转向系统协调配合工作,控制汽车的行驶方向。

二、车架

1. 车架的作用

车架是跨接在各车桥之间的桥梁式结构,是整个汽车的安装基础。其功用是支承连接汽车的各零部件和总成,并使它们保持正确的相对位置;并承受来自车内外的各种静、动载荷。

2. 车架的类型

车架的类型主要有边梁式车架、中梁式车架(也称脊骨式车架)、综合式车架和承载式车身4种,如图11-2所示。

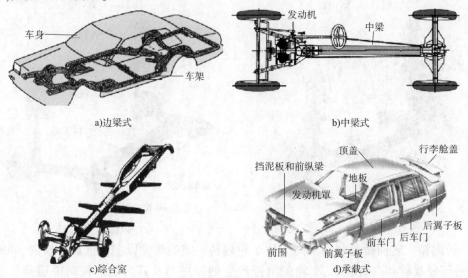

图11-2 车架分类

现代大多数轿车和部分大型客车取消了车架,而以车身兼代车架的作用,即将所有部件固定在车身上,所有的力也由车身来承受,这种车身称为承载式车身,如图11-3所示。

承载式车身由于无车架,可以减轻整车质量;可以使地板高度降低,使上、下车方便,所以在现代轿车中得到广泛应用。

三、车桥

车桥通过悬架与车架(或承载式车身)相连,车桥两端安装车轮。实际生活中,人们通常不说车桥,而是把车桥称作悬挂,但需要注意分清悬挂与悬架的概念。

1. 车桥的功用

车桥的功用是传递车架和车轮之间的各个方向的作用力,并承受这些力所形成的弯矩和扭矩。

2. 车桥的类型

按悬架的结构形式不同,车桥可分为断开式和非断开式两种。通常断开式车桥配用独立悬架,非断开式车桥配用非独立悬架。

按车桥上车轮的作用不同,车桥又可分为转向桥、驱动桥、转向驱动桥和支持桥四种类型,如图11-3~图11-6所示。

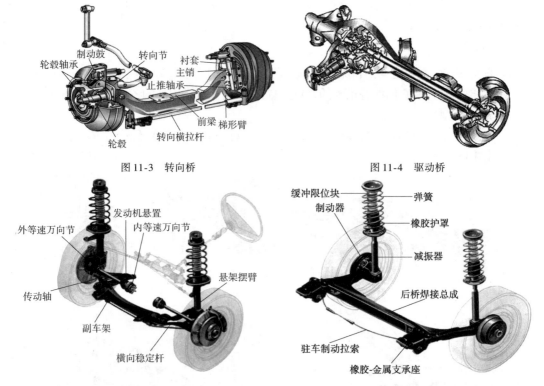

图 11-3 转向桥　　图 11-4 驱动桥

图 11-5 转向驱动桥　　图 11-6 支持桥

（1）转向桥。转向桥是利用转向节使车轮偏转一定的角度以实现汽车的转向,同时还承受汽车的部分载荷和汽车制动、车轮侧滑等产生的作用力及其力矩。转向桥通常位于汽车的前部,因此也常称为前桥。

（2）驱动桥。驱动桥处于动力传动系统的末端,其基本功能是增大由传动轴或变速器传来的转矩,并将动力合理地分配给左、右驱动轮,另外还承受作用于路面和车架或车身之间的垂直力、纵向力和横向力。驱动桥由主减速器、差速器、车轮传动装置和驱动桥壳等组成。

（3）转向驱动桥。能同时实现车轮转向和驱动两种功能的车桥,称为转向驱动桥。

转向驱动桥有一般驱动桥的主减速器、差速器和半轴,也有一般转向桥所有的转向节和主销等。

（4）支持桥。只起支承作用的车桥称为支持桥。支持桥除不能转向外,其他功能结构与转向桥相同。

当代汽车主要采用发动机前置前轮驱动（FF）与发动机前置四驱驱动（F-4WD）的驱动形式。在 FF 车型中,前桥为转向驱动桥、后桥为支持桥;在 F-4WD 车型中,前桥为转向驱动桥、后桥为驱动桥。

3．车桥的结构

（1）麦弗逊式前桥。

麦弗逊式车桥是断开式车桥的一种,与麦弗逊式悬架相配套。麦弗逊式前桥构造简单,布置紧凑,前轮定位变化小,具有良好的行驶稳定性,如图 11-7 所示。所以,目前轿车使用最多的独立车桥是麦弗逊式车桥。

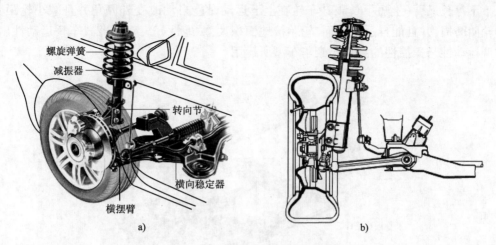

图 11-7 麦弗逊式前桥结构示意图

麦弗逊车桥由于构造简单,性能优越的缘故,被行家誉为经典的设计。现在大部分国内生产的轿车都是此类车桥。

麦弗逊式独立车桥是现代轿车底盘技术的一项革命性技术。如图 11-8 所示,转向节通过球铰直接与横向臂连接,由球铰操纵转向节臂,这样车轮所受的侧向力大部分由横向臂承受,大大减少了主销磨损。与内部挡块一体化的双向双管式减振器,结构紧凑,减振效果明显。配以螺旋弹簧和装在避振器活塞杆里的微孔聚氨酯副簧,能有效地减轻车轮跳动对车身的影响,进一步提高平顺性。上下两冲压件焊接在一起的刚性副车架具有较高的承载能力,以橡胶绝缘材料与车身连在一起,降低了底盘的噪声和振动,即使路面千变万化,车轮循迹性和贴地性仍然十分出色。

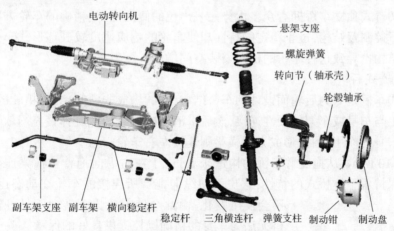

图 11-8 麦弗逊式前桥部件分解示意图

(2) 双叉臂式前桥。

双叉臂式车桥又称双 A 臂式独立车桥,双叉臂车桥拥有上下两个叉臂,横向力由两个叉臂同时吸收,支柱只承载车身质量,因此横向刚度大,如图 11-9 所示。双叉臂式车桥的上下两个 A 字形叉臂可以精确地定位前轮的各种参数,前轮转弯时,上下两个叉臂能同时吸收轮胎所受的横向力,加上两叉臂的横向刚度较大,所以转弯的侧倾较小。双叉臂式车桥通常采用上下不等长叉臂(上短下长),让车轮在上下运动时能自动改变外倾角并且减小轮距变化减小轮胎磨损,并且能自适应路面,轮胎接地面积大,贴地性好。双叉臂式车桥运动性出色,为强调运动性与操控性的跑车与豪华车型所运用。

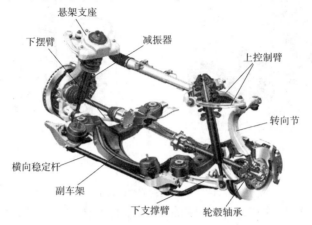

图 11-9 双叉臂式车桥

双叉臂式车桥的诞生和麦弗逊式车桥有着紧密的血缘关系,它们的共同点为:下控制臂都由一根 V 字形或 A 字形的叉形控制臂构成,液压减振器充当支柱支撑整个车身。不同处则在于双叉臂式车桥多了两根连接支柱减振器的上控制臂,这样一来有效增强了车桥整体的可靠性和稳定性。

双横臂式车桥和双叉臂式车桥有着许多的共性,只是结构比双叉臂式简单些可以称之为简化版的双叉臂式车桥。同双叉臂式车桥一样双横臂式悬挂的横向刚度也较大,一般也采用上下不等长摇臂设置。

尽管双叉臂式独立车桥拥有众多优势——出色的侧向支撑、精确的车轮方向控制等,但由于使用上下控制臂结构,过于稳定的特性却使车轮的响应速度较其他形式车桥要缓慢,上下控制臂的结构也导致这种车桥的横向安装空间增大。

(3)拖曳臂式后桥。

拖曳臂式车桥是专为后轮而设计的车桥结构,它的构成非常简单,以粗壮的上下摆动式拖臂实现车轮与车身或车架的硬性连接,然后以液压减振器和螺旋弹簧充当软性连接,起到吸振和支撑车身的作用,圆柱形或方形横梁则连接左右车轮。

如图 11-10 所示,从拖曳臂车桥的构造来看,由于左右纵向拖臂被横梁连接,因此车桥结构依旧还保持着整体桥式的特性,这也就使纵向拖臂所连接的车轮在动态运动中外倾角不会发生变化,由此会使前轮出现转向不足,所以拖曳臂后桥无法为车身的精确操控提供良好的保障。

图 11-10 拖曳臂式后桥示意图

拖曳臂式车桥本身兼顾了非独立车桥的缺点,但同时也兼有独立车桥的优点,拖曳臂式车桥的最大优点是左右两轮的空间较大,而且车身的外倾角没有变化,避振器不发生弯曲应力,所以摩擦就小。

拖曳臂式车桥主要优点有,结构简单实用、占用空间最小、制造成本低。而缺点也不少,譬如承载性能差、抗侧倾能力较弱、减振性能差、舒适性有限,所以一般这种半独立车桥都适用与中小型汽车和低端SUV的后车桥。

(4) 多连杆式后桥。

多连杆独立车桥,可分为多连杆前车桥和多连杆后车桥系统。其中前车桥一般为3连杆或4连杆式独立车桥;后车桥则一般为4连杆或5连杆式后车桥系统。多连杆车桥能实现主销后倾角的最佳位置,大幅度减少来自路面的前后方向力,从而改善加速和制动时的平顺性和舒适性,同时也保证了直线行驶的稳定性,因为由螺旋弹簧拉伸或压缩导致的车轮横向偏移量很小,不易造成非直线行驶。

如图11-11所示,四连杆后桥由以下部分组成:三个摆臂(下摆/弹簧臂,横拉杆,上摆臂)和一个纵向拖臂组成,每个车轮有一个横拉杆,能独立区分纵向和横向的动力传递,在与前车桥完美配合下,使整车具有良好的平稳性和驾驶舒适性。后车桥不但保持着德国车的一贯硬朗,又兼具了良好的乘坐舒适性。车桥几何结构可产生中性或略带不足转向,有利于转向稳定。

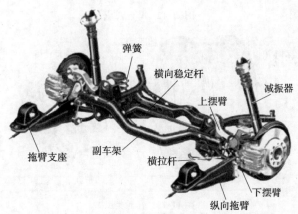

图11-11 四连杆后桥

四连杆后桥的优点:提高横向刚度或车轮外倾刚度,以改善行驶动力性,分别适应纵向力和横向力,使车轮更自由,导向更精确,高水平的纵向柔性改善了加速和制动时的舒适性,二次弹跳概率极低,显示理想的车桥特性,减振器倾斜加大了行李舱的装载宽度,连接横向稳定杆。

四、车轮和轮胎

车轮与轮胎的功用是:支承整车;缓和来自路面的冲击力;产生驱动力、制动力和侧向力;产生回正力矩;承担越障、提高通过性的作用等。车轮与轮胎又称车轮总成,主要由车轮和轮胎两部分组成,如图11-12所示。

1. 车轮

(1) 车轮的功用和类型。

车轮是外部装轮胎、中心装车轴并受负荷的旋转部件,其功用是把轮胎固定在车辆上,并传递和承受轮胎、车桥之间的各种力和力矩。

车轮由轮辐、轮辋和轮毂组成,按照轮辐的结构形式不同,车轮分为辐板式和辐条式两种主要形式,如图 11-13 所示,在辐板式车轮中,又根据所用材料的不同分为钢板型和合金型。铝合金车轮较轻,所以现在铝合金车轮使用的也较多。按制造工艺分,车轮有采用钢板冲压成形的,也有采用钢盘压铆或压焊制成,还有采用铝材通过印模压铸或者锻造而成。

图 11-12 车轮总成

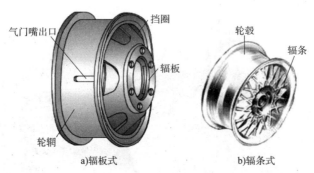

a)辐板式　　　　b)辐条式

图 11-13 车轮类型

(2)车轮的结构参数。

车轮的结构参数主要有车轮宽度、高度、偏置量、中心孔和法兰盘等,如图 11-14 所示。

①宽度:车轮的宽度是轮辋两侧唇边之间的距离。

②高度:轮辋直径(高度)是从车轮的顶部到底部胎圈座区域的距离。

③偏置量:车轮的偏置量是从车轮的中心线到安装法兰盘之间的距离。这个距离的加宽可以安装比较宽的轮胎和得到比较宽的轮距。

④中央凹槽:在车轮的中央凹槽上有一个安放气门杆的孔洞。它使得轮胎的拆卸和安装比较容易。

⑤中心孔和法兰盘:车轮上有一个中心孔,直接与车辆的轮毂接触,把车轮中心定位在轮毂上。在法兰盘上沿着圆周均匀地分布着一些孔洞,如图 11-15 所示。

后轮辋的直径可以比前轮辋的直径大 2.5~5cm。在这种配置下,前、后轮胎可以有不同的宽度或者高度。当前、后轮胎有不同的宽度或者高度时,不要把轮胎从前面换位到后面。后车轮的偏置量可能要比

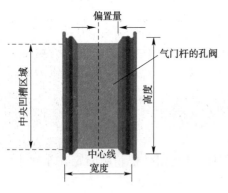

图 11-14 车轮的结构参数

前车轮大一些,可以得到不同的轮距和操纵性能。

如果需要更换车轮,换装新车轮的容许载荷、直径、宽度、偏距与固定形式均必须与原装车轮相同。不正确的换装车轮会影响车轮寿命、离地间隙和轮胎间隙,还可能影响速度表和里程表的标定,以及防抱死制动系统和牵引力控制的功能。

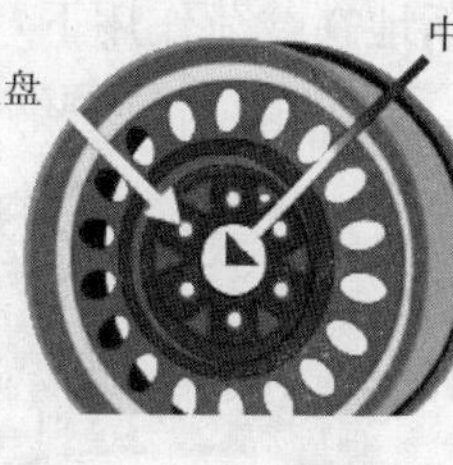

2. 轮胎

(1)轮胎的功用。

图 11-15 车轮中心孔和法兰盘

轮胎由橡胶制成,安装在轮辋上。车辆行驶的舒适性能与轮胎直接有关。其主要功用有:支撑车辆质量;通过轮胎和路面良好附着性能,提高汽车的动力性、通过性和操控性;帮助悬挂系统吸收路面的冲击和振动,以提高驾乘舒适性;改变汽车方向。汽车不论是转向还是掉头都需要由汽车的轮胎来完成,它根据驾驶人的意愿来改变汽车行驶的方向。

由此可见,车轮和轮胎对汽车的使用性能有很大的影响,车轮的合理使用关系汽车的安全行驶、能源的节约和汽车运输成本的降低。

(2)轮胎的类型。

汽车轮胎按胎体结构不同分为充气轮胎和实心轮胎。现代汽车多采用充气轮胎。按轮胎内空气压力的大小可分为高压胎(0.5~0.7MPa)、低压胎(0.15~0.45MPa)和超低压胎(0.15MPa 以下),汽车上几乎全部都使用低压胎。

充气轮胎由于保持空气方法的不同,其组成结构也不同,又可分为有内胎轮胎和无内胎轮胎两种。无内胎轮胎在轿车上广泛采用,并开始在货车上使用。

充气轮胎按胎体中帘线排列方向不同,分为子午线轮胎和普通斜交轮胎,如图 11-16 所示。

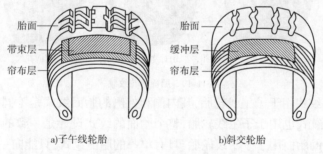

a)子午线轮胎　　b)斜交轮胎

图 11-16 轮胎类型

(3)无内胎轮胎的结构。

无内胎轮胎的基本组成部分有:胎面、带束和胎体帘布层、内衬层、胎圈等,如图 11-17 所示。

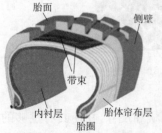

图 11-17 无内胎轮胎的结构

①胎面。

胎面是轮胎的外表面,可分为胎冠、胎肩和胎侧三部分。

胎冠是轮胎与路面直接接触的部分,具备极高的抗磨损性和抗撕裂性。胎肩是较厚的胎冠和较薄的胎侧间的过渡部分,一般也有各种花纹,以提高该部分的散热性能。在车轮转向时,胎肩提供了与路面连续的接触面。胎侧又称胎壁,它由数层橡胶构成,覆盖轮胎两侧,保护内胎免受外部损坏。胎侧在行驶过程中不断地在载荷作用下弯曲变形。胎侧上标有厂家名称、轮胎尺寸及其他资料。

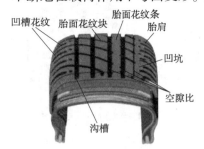

图 11-18 胎面的形态

胎面的形态：胎面上的形态有凹槽花纹、胎面花纹块、胎面花纹条、凹坑和沟槽等，如图 11-18 所示。它们提供了在干燥、潮湿、泥浆和雨雪各种路面状况下的牵引力，帮助车辆避免空转打滑和滑移。

凹槽花纹：凹槽花纹是在胎面花纹块中的一些小的切槽。当轮胎在路面上行驶时，凹槽花纹张开后可以产生更大的接触表面。这使得胎面花纹块可以移动增加弹性和牵引力。凹槽花纹在冰面、薄雪路面和松散的灰尘路面上特别有帮助。

胎面花纹块和胎面花纹条：胎面花纹块构成胎面的主要部分，提供牵引力。胎面花纹条是胎面上的一条花纹块，与路面形成了一个连续的接触条带。

凹坑和沟槽：凹坑的作用是改善胎面的冷却。沟槽是用于加强轮胎导引水的能力。

空隙比概念：空隙比是胎面上开口空间所占的比例。胎面上开口空间的比例越大，排水能力就越强；空隙比例小，就增加了与路面的接触量。

胎面的花纹：在轮胎上有各种不同纹式的胎面，包括：不对称的、对称的和单方向的，如图 11-19 所示。

a)不对称花纹　　　　b)对称花纹　　　　c)单方向花纹

图 11-19 胎面的花纹纹式

不对称的胎面纹式用于子午线轮胎，其内侧和外侧的胎面纹式是不同的，它能沿两个方向转动。对称的胎面纹式也用于子午线轮胎，整个胎面的纹式设计是一致的，它也能沿两个方向转动。单方向纹式的胎面用于子午线轮胎，具有单一的胎面纹式，只能向一个方向转动。

从花纹的形状区分，有纵向花纹、横向花纹、纵向和横向花纹、块状花纹等，如图 11-20 所示。

a)纵向花纹　　b)横向花纹　　c)纵向和横向花纹　　d)块状花纹

图 11-20 胎面的花纹形状

带束和胎体帘布层：帘布层是外胎的骨架，用以保持外胎的形状和尺寸，并使其有足够的强度。帘布层和带束通常用橡胶复合物和多层的尼龙、聚酯、钢丝或者其他材料制成，相邻的帘线交叉排列。胎冠区域比侧壁有更多的分层,帘布层数越多,轮胎的强度越大,但弹性下降。轮胎帘布层结构有三种类型:斜交帘布层、带束斜交帘布层、子午线帘布层,如图11-21所示。

a)斜交帘布层　　　　b)带束斜交帘布层　　　　c)子午线帘布层

图11-21　轮胎帘布层结构类型

斜交帘布层:斜交帘布层轮胎上的纤维束互相之间成十字交叉形缠绕在胎体上。斜交帘布层结构的轮胎使用在比较老式的车辆上,如今的车辆上已经不太使用了。

带束斜交帘布层:带束斜交帘布层轮胎与斜交帘布层轮胎在结构上相同,再附加有多条沿轮胎圆周方向安置的带束。带束斜交帘布层轮胎使用在比较老式的重型货车上。

子午线帘布层:在20世纪80年代之后,开始使用子午线帘布层轮胎。它是如今车辆上最普遍使用的轮胎。子午线帘布层轮胎的纤维束是沿轮圈到轮圈的方向排列,再附加有多条沿轮胎圆周方向排列的带束,形似地球的子午线而得名。

②内衬层。

轮胎的内衬层是一层橡胶,用于防止空气的渗漏。现在大部分轮胎都采用无内胎设计,内衬层的作用与有内胎轮胎的内胎相同。在如今生产的轮胎上,内衬层已占到了10%的轮胎总质量。

③胎圈。

胎圈使外胎牢固地安装在轮辋上,有很大的刚度和强度,由钢丝圈、帘布层包边和胎圈包布组成。钢丝圈用于限制胎圈的膨胀,以确保对气体密封。

(4)轮胎标记。

轮胎侧壁上有很多数据和信息,其中最主要的是尺寸数据,如图11-22中的225/55 R16 95W。轮胎尺寸标识如图11-23所示。

255/55 R16 95W

图11-22　轮胎标记

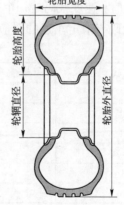

图11-23　轮胎尺寸标记

胎侧数据含义如下:

①轮胎类型。有些进口轮胎在以上数据前还有一个表示轮胎类型的字母。P——轿车用胎；LT——轻型货车用胎；T——临时备用胎。

②轮胎宽度。前三位数字表示以毫米计算的轮胎宽度。轮胎的整体宽度是从两个边缘处测量的。此轮胎的宽度是225mm。

③高宽比。高宽比(又称扁平比)是轮胎高度与其宽度之比的百分值。如本例中轮胎的高宽比就是55%，其宽度是225mm，据此可以计算出该轮胎的高度为124mm。

高宽比大的轮胎侧壁偏转时有很大的柔性，增加了乘坐的舒适性。高宽比小的轮胎能有较大的接触面积，增加了行驶性能和控制能力。制造厂商提供了各种尺寸的轮胎与车轮组合来达到乘坐舒适性能，或者良好的操纵性能。

④结构。在高宽比数字后面的字母表示的是轮胎的结构。R——子午线轮胎，有时会看到 ZR 表示最高速度超过 240km/h；B——带束斜交帘布层轮胎；D——斜交帘布层轮胎。

⑤车轮尺寸(轮辋直径)。车轮的尺寸或者轮辋的直径是从轮辋唇口测量到对边的轮辋唇口，以英寸为单位。225/55 R16 则表示的轮胎车轮尺寸为16in(英寸)。

⑥载荷指数。轮胎标记 225/55 R16 95W 中的数字 95 是载荷指数。这个数字说明一个全充气的轮胎能够支撑的最大载荷量。你也可以在轮胎侧壁的其他位置处找到以磅力或公斤力为单位的最大载荷量的压印标值。

载荷指数为 95 的轮胎能够支撑 690kg 的最大载荷量，其他载荷指数对应的最大载荷量见表11-1。

表11-1 载荷指数对应的最大载荷量

载荷指数	最大载荷量(kg)	载荷指数	最大载荷量(kg)
91	615	96	710
92	630	97	730
93	650	99	775
94	670	104	900
95	690	106	950

⑦速度额定值。速度等级只适用于轮胎充足气的条件下，充气未足的轮胎不能达到其速度等级额定值。速度代码是一个通常在 P 和 Z 之间的字母，速度代码限定轮胎的速度额定值。速度代码与限定车速的对应关系见表11-2。

表11-2 速度代码与最高车速之间的关系

速度代码	最高车速(km/h)	速度代码	最高车速(km/h)
P	150	H	210
Q	160	V	240
R	170	W	270
S	180	Y	300
T	190	ZR	超过240
U	200		

225/55 R16 95W 中的字母 W 是速度额定值代码，它表示了在正常状态下最大速度的标准值。W 表示轮胎能够承受 270km/h 的最大额定速度。

五、悬架

悬架是车辆上的一个重要的系统,是车架(或承载式车身)和车桥(或车轮)之间的传力连接装置的总称,对车辆的行驶安全至关重要,如图 11-24 所示。车辆的操纵性能,如:转弯、停车、方向的稳定性、轮胎与地面的控制,都取决于悬架系统是否能正常工作。

图 11-24 汽车悬架系统

不同的悬架系统在结构上不尽相同,但是它们都具有相同的基本功能:支承车身,并使车身和车轮之间保持适当的几何关系;车辆行驶时,悬架与轮胎一起吸收和缓冲因路面不平所造成的各种振动、摇摆和冲击,从而保护乘客和货物的安全,并改善驾驶的稳定性;将路面和车轮之间摩擦所产生的驱动力和制动力传递至底盘和车身。

目前轿车上安装的悬架种类很多,按控制形式不同可分为被动式悬架、主动式悬架和半主动式悬架。被动式悬架结构简单、性能可靠、成本低,被目前多数汽车所采用。也就是汽车姿态只能被动地取决于路面及行驶状况。主动悬架可以主动地控制垂直振动及其车身姿态,根据路面和行驶工况自动调整悬架刚度和阻尼。主动悬架和半主动悬架由于成本较高,目前只在中高档轿车上有些应用。

根据汽车导向机构不同,悬架的种类又可分为独立悬架和非独立悬架,如图 11-25 所示。它们的差别在于对上跳和反弹作出的反应不同。

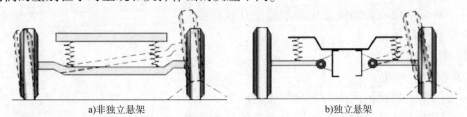

a)非独立悬架　　　　　　　　b)独立悬架

图 11-25 悬架类型

六、行驶系统的检修

(一)车桥的检修

车桥部件的检查如图 11-26 所示。

(1)检查车桥各个部件固定是否牢固、是否有松旷现象:如转向横拉杆、横向稳定杆、稳定杆(小吊杆)、控制臂、减振器等。

(2)检查车桥各个部件是否变形或发生裂痕等损伤:如转向横拉杆、横向稳定杆、稳定杆(小吊杆)、控制臂、减振器等。

(3)检查车桥各个橡胶部件是否老化、破损:如转向球头、转向防尘套、控制臂橡胶垫、减振器防尘套等。

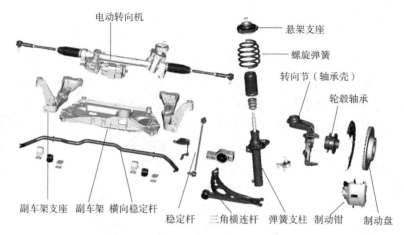

图 11-26 车桥检查部件

(二) 轮胎的检修

(1) 清理轮胎花纹中夹杂的石子或异物。

(2) 检查:

① 轮胎有无裂纹、缺损或鼓包。

② 轮胎是否偏磨。

③ 轮胎型号是否相同,花纹是否一致。

④ 轮胎安装方向是否正确。

⑤ 平衡块是否缺失。

⑥ 轮辋是否变形。

(3) 用游标卡尺或轮胎深度尺测量轮胎花纹深度。

(4) 检查气门嘴:

① 位置是否居中。

② 有无裂纹、破损。

(5) 按门框上的标记用压力表测量轮胎压力。

(6) 给压力不足的轮胎加气或压力过高的轮胎放气。

(7) 按规定的拧紧力矩拧紧车轮螺栓(仅后鼓式制动车轮)。

(三) 轮胎动平衡

1. 轮胎动平衡概述

车轮的动平衡性概念是指车轮旋转时,各方向上离心力的不同程度是考核轮胎质量的一个重要参量。当轮胎动平衡状态好时,轮胎旋转过程中各方向上受力基本相同,动平衡状态不好时,则向某个方向的离心力过大或过小,从而影响轮胎质量,严重时安装到汽车上以后极易引起运行中爆胎,造成安全事故。因此一般轮胎在出厂前、维修的时候,都要进行动平衡的测试,以确保轮胎的品质,消除安全隐患。动平衡的测试由车轮动平衡机来完成。

车轮动平衡机是一种测量汽车车轮不平衡量,并指示不平衡量位置的设备,人们再通过相应质量的平衡块将其补偿在指定位置,使车轮平衡。

车轮不平衡的危害：

(1)胎面会与地面产生不正常的磨损,不平衡量较大处会以磨损的方式将多余量消除。

(2)会加速车轴与轴承的磨损。

(3)会加速悬架和转向系统部件的磨损。

(4)方向轮的振动会导致转向盘的抖动,从而影响驾驶人的操控性和舒适性。

(5)高转速时可能涉及人身安全,如爆胎、方向不受控制、翻车等。

在什么情况下需做车轮动平衡：

(1)当车更换了新的轮胎、轮毂或补过轮胎后。

(2)在轮胎受到大的撞击,轮胎从轮辋上剥离过。

(3)高速行驶在某一段车速出现转向盘抖动或者车轮出现有节奏的异响时。

2.车轮动平衡机的使用

(1)车轮动平衡机的结构。车轮动平衡机如图11-27所示,包括：

①测量尺:如图11-28所示,用来测量机体边缘与车轮内侧距离,单位为厘米。

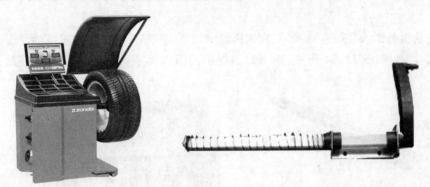

图11-27　车轮动平衡机　　　　　图11-28　测量尺

②宽度测量尺:如图11-29所示,测量车轮的宽度 L,单位为英寸和毫米。测量位置如图11-30所示。

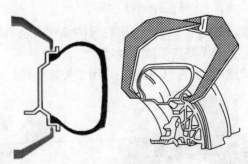

图11-29　宽度测量尺　　　　　图11-30　宽度测量位置

③平衡块:包括粘贴式平衡块和卡勾式平衡块两种类型。平衡块中最小的为5g,最大的为400g。

a.粘贴式平衡块,如图11-31所示。

图 11-31　粘贴式平衡块

b. 卡勾式平衡块,如图 11-32 所示。

图 11-32　卡勾式平衡块

④平衡块拆装钳:如图 11-33 所示,用来拆装卡勾式或粘贴式平衡块,去除轮胎表面杂质等。

⑤机箱上盖:如图 11-34 所示,用来遮盖保护机箱内部零件,支撑电控箱,盛放平衡块和工具。

图 11-33　平衡块拆装钳　　　　　　图 11-34　机箱上盖

⑥轮罩:如图 11-35 所示,用以保护操作者,以防在工作时,车轮上的石子、平衡块等杂物飞出伤人。每次操作须放下轮罩。

⑦快锁螺母:如图 11-36 所示,用于夹紧车轮。

图 11-35　轮罩　　　　　　　　　图 11-36　快锁螺母

(2)车轮动平衡机的操作

①轮胎固定。清除被测车轮上的泥土、石子和旧平衡块;检查轮胎气压,必须符合原厂的规定;根据轮辋中心孔的大小选择好锥体,仔细装好车轮,用快锁螺母上紧,如图 11-37 所示。

图 11-37 轮胎固定

②输入参数。打开电源开关,检查指示与控制装置的面板指示是否指示正确。用卡尺测量轮辋宽度 b,轮辋直径 d,用平衡机上的标尺测量轮辋边缘至机箱距离 a,再用键入或选择器旋钮对准测量值的方法将 a、b、d 的值输入到指示与控制装置中去。

a. 测量动平衡机到轮辋边缘的距离,如图 11-38 所示。

 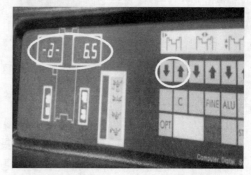

图 11-38 测量动平衡机到轮辋边缘的距离

b. 测量轮辋宽度,如图 11-39 所示。

 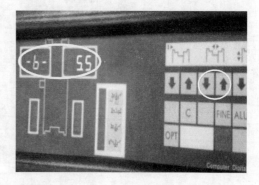

图 11-39 测量轮辋宽度

c. 查看轮辋尺寸,如图 11-40 所示。

③开始检测。放下车轮防护罩,按下启动键,车轮旋转,平衡测试开始,自动采集数据;

车轮自动停转,或听到"嘀"声时按下停止键并操纵制动装置使车轮停转后,从指示装置读取车轮内外侧不平衡量和不平衡位置,如图 11-41 所示。

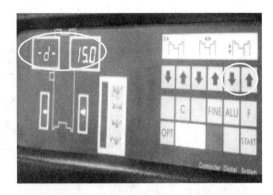

图 11-40　查看轮辋尺寸

图 11-41　开始检测

④校正动平衡。抬起车轮防护罩,用手慢慢转动车轮,当指示装置发出指示(音响、指示全灯亮、显示检测数据等)时停止转动,在轮辋的内侧或外侧的上部(12 点位置)加装指示装置显示该侧的平衡块质量(显示面板上左边是车轮内侧,右边为外侧。内、外侧要分别进行,平衡块装卡要牢固)。如图 11-42、图 11-43 所示。

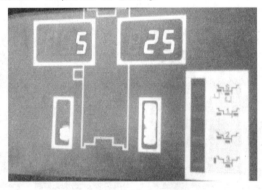

图 11-42　校正动平衡

⑤重新检测。安装平衡块后有可能产生新的不平衡,应重新进行平衡试验,直至不平衡量小于 5g、指示装置显示"00"或"OK"时为止,测试结束,关闭电源开关,如图 11-44 所示。

项目十一 行驶系统检修

图 11-43 对应位置打平衡块

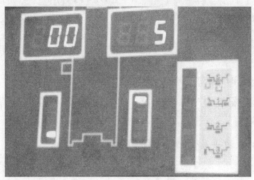

图 11-44 重新检测

思考与练习

一、填空题

1. 汽车行驶系统由_____、_____、_____和_____等组成。
2. 车轮的主要结构参数有：_____、_____、_____、_____和_____。
3. 按车桥上车轮的作用不同，车桥又可分为_____、_____、_____和_____四种类型。
4. 转向桥是利用_____使车轮偏转一定的角度以实现汽车的转向，同时还承受汽车的部分_____和汽车_____、车轮_____等产生的作用力及其力矩。
5. 驱动桥处于动力传动系统的末端，其基本功能是_____由传动轴或变速器传来的转矩，并将动力合理的_____给左、右驱动轮，另外还承受作用于_____和_____之间的垂直力、纵向力和横向力。
6. 车轮的功用是把_____固定在车辆上，并_____和_____轮胎、车桥之间的各种力和力矩。
7. 平衡块中最小的为_____g 最大的为_____g。

二、选择题

1. 按制造工艺不同，车轮可分为(　　)。
    A. 钢盘压铆或压焊制成　　　　　　B. 钢板冲压成形
    C. 铝材通过印模压铸或者锻造而成　　D. 辐条式

177

2. 充气轮胎由于保持空气方法的不同其组成结构也不同,又可分为( )。
   A. 有内胎轮胎   B. 高压胎
   C. 无内胎轮胎   D. 低压胎
3. 按控制形式不同可分为,悬架可分为( )。
   A. 被动式悬架   B. 主动式悬架
   C. 半主动式悬架   D. 独立悬架
4. 下列哪个不是转向驱动桥的组成部件( )。
   A. 差速器   B. 半轴
   C. 制动器   D. 转向节
5. 汽车轮胎按胎体结构不同分为( )。
   A. 充气轮胎   B. 高压胎
   C. 实心轮胎   D. 低压胎
6. 下列哪个在轮胎检查时不需要做( )。
   A. 检查无裂纹、缺损或鼓包   B. 测量轮胎花纹深度
   C. 检查轮胎气压   D. 检查轮胎品牌
7. 下列哪个不是轮胎动平衡之前必须做的( )。
   A. 检查轮胎气压   B. 测量轮胎相关尺寸
   C. 检查轮胎品牌   D. 清除轮胎沟槽内异物

三、判断题

1. 现代轿车里采用最多的车架类型是承载式车身。( )
2. 车桥的功用是传递车架和车轮之间的各个方向的作用力,并承受这些力所形成的弯矩和扭矩。( )
3. 通常断开式车桥配用非独立悬架,非断开式车桥配用独立悬架。( )
4. 能同时实现车轮转向和驱动两种功能的车桥,称为转向驱动桥。( )
5. 现代轿车里采用最多的前桥结构类型是多连杆式。( )
6. 双叉臂式车桥运动性出色,为强调运动性与操控性的跑车与豪华车型所运用。( )
7. 拖曳臂式车桥一般用在后桥上,其为独立悬架。( )
8. 如果需要更换车轮,换装新车轮时只要轮胎直径尺寸一致就行。( )
9. 当代轿车多采用无内胎式子午线轮胎。( )
10. 当检测和安装动平衡块后,轮胎动平衡测试就完成了。( )
11. 宽度测量尺是测量车轮的宽度,单位只有毫米。( )

四、看图填空

1. 请在图11-45的括号内填入对应的车架类型名称。
2. 图11-46是什么类型的车桥结构:_____。
3. 请写出图11-47中线条所指的零部件名称。
4. 图11-48是什么类型的车桥结构:_____,并写出图11-48中线条所指的零部件名称。
5. 请在图11-49的括号内填入对应的轮胎类型名称。

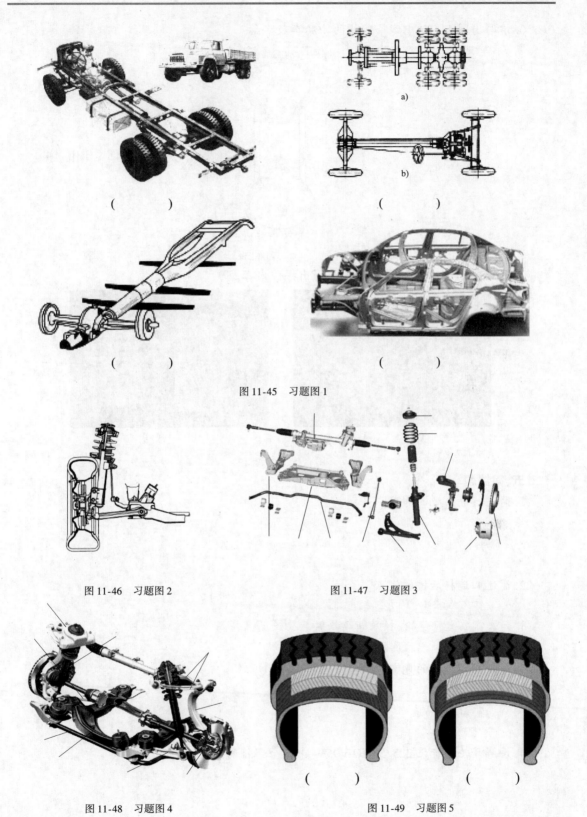

图 11-45　习题图 1

图 11-46　习题图 2　　　　图 11-47　习题图 3

图 11-48　习题图 4　　　　图 11-49　习题图 5

6. 请写出图 11-50 中线条所指的轮胎参数名称。

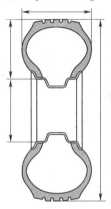

图 11-50　习题图 6

7. 根据图 11-51 所示,请在括号内写出操作内容。

（　　　）

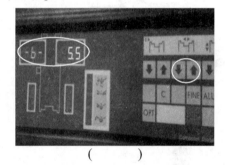
（　　　）

图 11-51　习题图 7

五、简述题

1. 简述行驶系统的作用。

2. 简述四连杆后桥的优点。

3. 车轮动不平衡的危害有哪些?

4. 请解释轮胎标记 225/55 R16 95W 中各个字符的含义。

项目十二　制动系统检修

学习目标

完成本项目学习后,你应能:
1. 正确说出制动系统结构特点;
2. 知道制动系统部件常见损伤形式;
3. 知道制动系统典型故障;
4. 知道制动系统检修方法;
5. 知道制动系统部件更换方法及注意事项。

建议学时

6 学时。

一、制动系统结构特点

(一)汽车制动系统

制动系统是汽车上用以使外界(主要是路面)在汽车某些部分(主要是车轮)施加一定的力,从而对其进行一定程度的强制制动的一系列专门装置。为了保证汽车安全行驶,提高汽车的平均行驶车速,以提高运输生产率,在各种汽车上都设有专用制动机构。这样的一系列专门装置即称为制动系统。

1. 汽车制动系统作用

(1)使行驶中的汽车按照驾驶人的要求进行强制减速甚至停车。

(2)使已停驶的汽车在各种道路条件下(包括在坡道上)稳定驻车。

(3)使下坡行驶的汽车速度保持稳定。

(4)保障汽车和驾驶人的安全。

2. 汽车制动系统的分类

(1)行车制动系统——是由驾驶人用脚来操纵的制动系统,故又称脚制动系统。它的功用是使正在行驶中的汽车减速或在最短的距离内停车,如图12-1所示。

(2)驻车制动系统——是由驾驶人用手来操纵的制动系统,故又称手制动系统。它的功用是使已经停在各种路面上的汽车驻留原地不动。分为机械式(图12-2)和电子式(图12-4)两种,图12-3所示为驻车制动系统报警灯或者驻车制动提示灯。

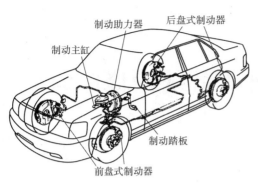

图 12-1　轿车行车制动系统结构示意图

图 12-2　机械式驻车制动系统

图 12-3　驻车制动报警灯

图 12-4　电子式驻车制动系统

3. 汽车制动系统组成

（1）供能装置：包括供给、调节制动所需能量以及改善传动介质状态的各种部件。

（2）控制装置：产生制动动作和控制制动效果各种部件，如制动踏板。

（3）传动装置：包括将制动能量传输到制动器的各个部件，如制动主缸、轮缸。

（4）制动器：产生阻碍车辆运动或运动趋势的部件。

前后轮都采用盘式制动器的汽车制动系统详细的组成如图 12-5 所示。其中红色的线条代表制动油管。

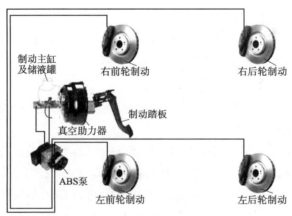

图 12-5　汽车制动系统组成

汽车制动系统各组成部件在车上的位置如图12-6～图12-8所示。

图12-6 汽车发动机舱内制动系统部件　　　　图12-7 发动机舱底部制动系统部件
1-真空助力器;2-制动液储液罐;3-制动油　　　　　　1-制动油管;2-制动轮缸
管;4-制动主缸;5-ABS;6-制动液储液罐盖

4. 汽车制动系统工作原理

汽车制动系统工作原理如图12-9所示,驾驶人踩下制动踏板后,制动主缸的制动油通过制动油管传递到制动轮缸上,最后通过制动钳推动制动片贴紧制动盘产生摩擦力从而让汽车减速或者停车。

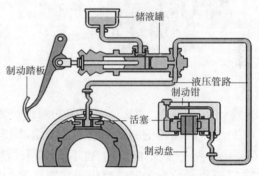

图12-8 汽车底盘制动系统部件　　　　图12-9 汽车制动系统工作原理
1-制动油管;2-驻车制动拉索

(二)汽车底盘电控知识

电子制动系统简介,如图12-10所示。

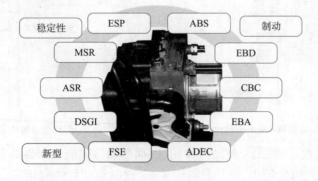

图12-10 电子制动系统

(1)制动控制:防抱死制动系统(ABS);制动力电子分配(EBD);紧急制动辅助系统(EBA);弯道制动辅助系统(CBC);坡道起步辅助系统(ADEC)。

(2)车身稳定控制:电子稳定程序(ESP);车轮防滑转系统(ASR),包含EASR/BASR;发动机阻力矩控制系统(MSR);动态稳定控制系统(DSC)。

(3)而且还加入了一些新功能:卡钳式电动控制驻车制动器FSE(根据车型);间接式胎压监测功能(DSGI)。

(三)制动系统结构特点

1.盘式制动器主要部件与功用

(1)盘式制动器主要由制动盘、制动钳、制动摩擦块等部件组成,如图12-11所示

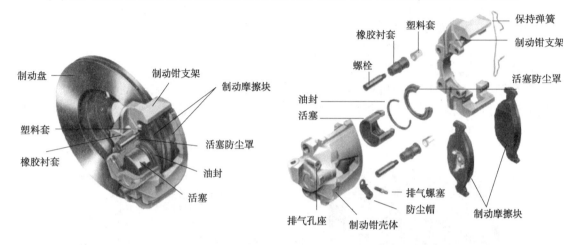

图12-11 盘式制动器

(2)盘式制动器的制动钳有两种类型:固定式和移动式。定钳盘式制动器的制动钳是固定安装在桥壳上,既不能旋转,也不能沿制动盘轴线方向移动,如图12-12所示。

(3)浮钳盘式制动器。浮钳盘式制动器的制动钳通过导向销与桥壳相连,它可以相对于制动盘轴线方向移动。如图12-13所示。

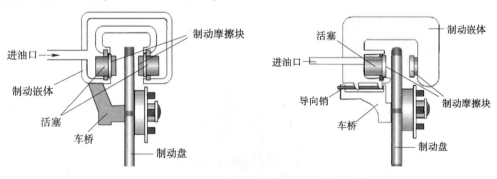

图12-12 定钳盘式制动器结构   图12-13 浮钳盘式制动器

(4)优缺点。优点:一般无摩擦助势作用,因而制动器效能受摩擦系数的影响较小,即效能较稳定;浸水后效能降低较少,而且只需经1~2次制动即可恢复正常;在输出制动力矩相同的情况下,尺寸和质量一般较小;制动盘沿厚度方向的热膨胀量极小,不会像制动鼓的热膨胀那样使制动器间隙明显增加而导致制动踏板行程过大;较容易实现间隙自动调整,其他维护修理作业也较简便。

①热稳定性较好。因为制动摩擦块的尺寸不长,其工作表面的面积仅为制动盘面积的12%~6%,故散热性较好。

②水稳定性较好。因为制动摩擦块对制动盘的单位压力高,易将水挤出,同时在离心力的作用下沾水后也易于甩掉,再加上制动摩擦块对制动盘的擦拭作用,因而,出水后只需经1~2次制动即能恢复正常;而鼓式制动器则需经过10余次制动方能恢复正常制动效能。

③制动力矩与汽车前进和后退行驶无关。

④在输出同样大小的制动力矩的条件下,盘式制动器的质量和尺寸比鼓式要小。

⑤盘式的摩擦块比鼓式的摩擦片在磨损后易更换,结构较简单,维修容易。

⑥制动盘与摩擦块间的间隙小(0.05~0.15mm),这就缩短了油缸活塞的操作时间,并使制动驱动机构的力传动比有增大的可能。

⑦制动盘的热膨胀不会像制动鼓热膨胀那样引起制动踏板行程损失,这也使间隙自动调整装置的设计可以简化。

缺点:

①盘式制动器有自己的缺陷。例如对制动器和制动管路的制造要求较高,摩擦块的耗损量较大,成本贵,而且由于摩擦块的面积小,相对摩擦的工作面也较小,需要的制动液压高,必须要有助力装置的车辆才能使用时效能较低,故用于液压制动系统时所需制动促动管路压力较高,一般要用伺服装置。

②制动比较粗暴。两个粘有摩擦衬面的摩擦盘能在花键轴上来回滑动,是制动器的旋转部分。当制动时,能在极短时间使车辆停止。再加上压盘上球槽的倾斜角不可能无限大,所以制动不平顺。

2.鼓式制动器主要部件与功用

(1)鼓式制动器的主要部件:制动底板、轮缸、制动蹄、制动鼓,如图12-14所示。

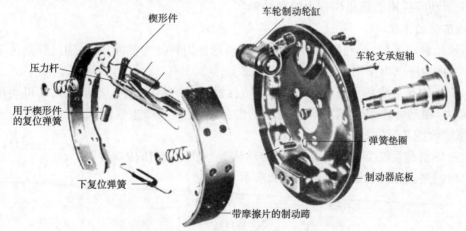

图12-14 鼓式制动器

(2)领从蹄式鼓式制动器,如图12-15所示。

(3)自增力式鼓式制动器,自动增力式制动器也可分为单向自动增力和双向自动增力两种,如图12-16、图12-17所示。

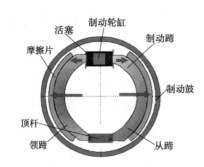
图 12-15 领从蹄式鼓式制动器

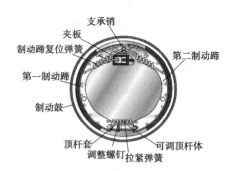
图 12-16 单向自动增力式

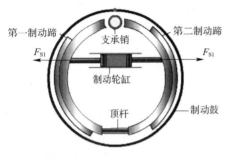
图 12-17 双向自动增力

（4）优缺点。

①优点。

鼓式制动器造价便宜，而且符合传统设计。四轮轿车在制动过程中，由于惯性的作用，前轮的负荷通常占汽车全部负荷的70%~80%，前轮制动力要比后轮大，后轮起辅助制动作用，因此轿车生产厂家为了节省成本，就采用前盘后鼓的制动方式。不过对于重型车来说，由于车速一般不是很高，制动蹄的耐用程度也比盘式制动器高，因此许多重型车至今仍使用四轮鼓式的设计。

②缺点。

鼓式制动器的制动效能和散热性都要差许多，鼓式制动器的制动力稳定性差，在不同路面上制动力变化很大，不易于掌控。而由于散热性能差，在制动过程中会聚集大量的热量。制动摩擦片和轮鼓在高温影响下较易发生极为复杂的变形，容易产生制动衰退和振抖现象，引起制动效率下降。另外，鼓式制动器在使用一段时间后，要定期调校制动蹄的空隙，甚至要把整个制动鼓拆出清理累积在内的制动粉。

3. 液压制动系统

（1）液压制动系统：是利用制动油液，将制动踏板力转换为油液压力，通过管路传至车轮制动器，再将油液压力作用到制动块或制动蹄上。

（2）液压制动系统特点是：制动柔和灵敏，结构简单、使用方便，不消耗发动机功率。但操纵较费力、制动力较小、制动液低温时流动性差、高温时易产生气阻，如有空气侵入或漏油会降低制动效能甚至失效。

（3）液压制动系统类型：单回路液压传动装置、双回路液压传动装置。

（4）单回路液压传动装置如图 12-18 所示。

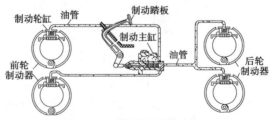
图 12-18 单回路液压传动装置

(5)双回路液压传动装置:前/后分立式液压制动系统、对角分立式液压制动系统。

①前/后分立式液压制动系统,如图12-19所示。

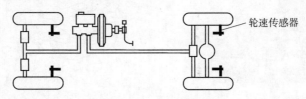

图12-19　前/后分立式液压制动系统

②对角分立式液压制动系统,如图12-20所示。

(6)制动主缸。作用是将驾驶人踩到制动踏板上的压力传递到四个车轮制动器以使汽车减速或停车。如图12-21所示。

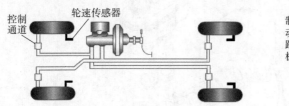

图12-20　对角分立式液压制动系统　　　图12-21　制动主缸

(7)单缸主缸构造,如图12-22所示。

工作过程:制动时,驾驶人踩制动踏板,推杆向前推动主缸活塞,活塞带动皮碗一起向前移动,当补液孔被盖住时,具有一定压力的制动液体将被输送到车轮制动器,使制动器工作。解除制动后,主缸内的复位弹簧迫使活塞迅速移回原位,活塞移动的速度快于制动液流回主缸的速度,为了避免在活塞移动时,在其前腔产生低压区,而影响活塞的回位速度,必须在活塞移动时,适时地为活塞前腔补充制动液。储液罐中的制动液通过排液孔流到活塞后腔,如图12-23所示。

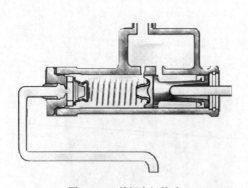 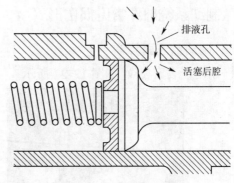

图12-22　单缸主缸构造　　　图12-23　活塞工作过程

(8)双活塞主缸构造,如图12-24所示。

(9)制动轮缸构造,如图12-25所示。

(10)制动主缸/制动助力器部件,如图12-26所示。

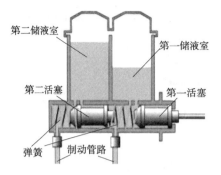

图 12-24 双活塞主缸构造

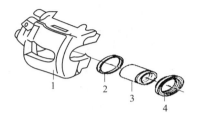

图 12-25 制动轮缸构造
1-制动钳外壳;2-密封环;3-活塞;4-密封环

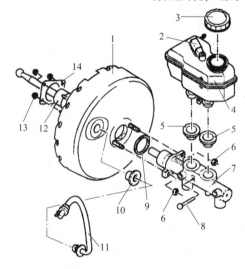

图 12-26 制动主缸/制动助力器部件

1-制动助力器;2-制动液液位报警触点 F34;3-密封盖;4-制动液储液罐;5-密封塞;6-六角螺母(自锁式,20 N·m);7-制动主缸;8-定位销;9-密封环;10-密封塞;11-真空软管(装入制动助力器中);12-橡胶防尘罩;13-六角螺母(自锁式,28N·m);14-密封件(用于制动助力器)

二、制动系统部件常见损伤形式

(一)制动盘表面异常

(1)制动盘表面裂纹,如图 12-27 所示。

图 12-27 制动盘表面裂纹

(2) 制动盘表面发蓝,如图 12-28 所示。
(3) 制动盘表面沟槽,如图 12-29 所示。

图 12-28 制动盘表面发蓝

图 12-29 制动盘表面沟槽

(4) 制动盘变形,如图 12-30 所示。

(二) 制动块异常

(1) 制动块表面裂纹,如图 12-31 所示。

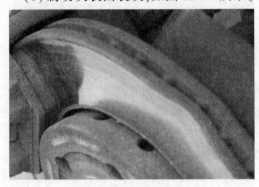

图 12-30 制动盘变形

图 12-31 制动块表面裂纹

(2) 制动块表面硬化,如图 12-32 所示。

(三) 液压系统故障

(1) 制动轮缸漏油,如图 12-33 所示。

图 12-32 制动块表面硬化

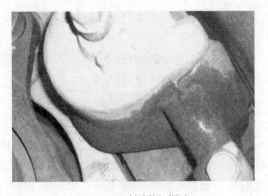

图 12-33 制动轮缸漏油

（2）制动主缸内漏：驾驶人在进行缓慢制动时，慢慢踏下制动踏板，发现制动踏板可以踩到底。快速踩下制动踏板时，发现制动踏板有阻力。并且发现慢慢踏下制动踏板时储油罐中有气泡。说明制动主缸有内漏。

三、制动系统典型故障

（一）制动效能不良

现象：汽车行驶中制动时，制动减速度小，制动距离长。

原因：主缸有故障；轮缸有故障；制动器有故障；制动管路中渗入空气。

诊断：液压制动系统产生制动效能不良的原因，一般可根据制动踏板行程（俗称高、低）、踏制动踏板时的软硬感觉、踏下制动踏板后的稳定性以及多脚制动时踏板增高度来判断。

（1）一般制动时踏板高度太低、制动效能不良。如连续两脚或几脚制动，踏板高度随着增高且制动效能好转，说明制动鼓与摩擦片或主缸活塞与推杆的间隙过大。

（2）维持制动时，踏板的高度若缓慢或迅速下降，说明制动管路某处破裂、接头密闭不良或轮缸皮碗密封不良，其复位弹簧过软或折断，或主缸皮碗、皮圈密封不良，回油阀及出油阀不良。可首先踏下制动踏板，观察有无制动液渗漏部位。若外部正常，则应检查轮缸或主缸故障。

（3）连续几脚制动时，踏板高度仍过低，且在第二脚制动后，感到主缸活塞未回位，踏下制动踏板即有主缸推杆与活塞碰击响声，是主缸皮碗破裂或其复位弹簧太软。

（4）连续几脚制动时踏板高度稍有增高，并有弹性感，说明制动管路中渗入了空气。

（5）连续几脚，踏板均被踏到底，并感到踏板毫无反力，说明主缸储液室内制动液严重亏损。

（6）连续几脚制动时，踏板高度低而软，是总进油孔中储液室螺塞通气孔堵塞。

（7）一脚或两脚制动时，踏板高度适当，但太硬制动效能不良。应检查各轮摩擦片与制动鼓的间隙是否太小。若间隙正常，则检查制动鼓壁与摩擦片表面状况。如正常，再检查制动蹄弹簧是否过硬，主缸或轮缸皮碗是否发胀，活塞与缸壁配合是否松旷。如均正常，则应进而检查制动软管是否老化不畅通。

（二）制动突然失灵

现象：汽车在行驶中，一脚或连续几脚制动，制动踏板均被踏到底，制动突然失灵。

原因：

（1）主缸内无制动液。

（2）主缸皮碗破损或踏翻。

（3）轮缸皮碗破损或踏翻。

（4）制动管路严重破裂或接头脱节。

诊断：发生制动失灵的故障，应立即停车检查。首先观察有无泄漏制动液处。如制动主缸推杆防尘套处制动液处。如制动主缸推杆防尘套处制动液漏流严重，多属主缸皮碗踏翻或严重损坏。如某车轮制动鼓边缘有大量制动液，说明该轮轮缸皮碗压翻或严重损坏。管路渗漏制动液一般明显可见。若无渗漏制动液现象，则应检查主缸储液室内制动液是否充足。

(三)制动发咬

现象:踏下制动踏板时感到既高又硬或没有自由行程,汽车起步困难或行驶费力。

原因:

(1)制动踏板没有自由行程或其复位弹簧脱落、折断或过软。

(2)踏板轴锈滞加位困难。

(3)主缸皮碗、皮圈发胀或活塞变形或被污物卡住。

(4)主缸活塞复位弹簧过软、折断,皮碗发胀堵住回油孔或回油孔被污物堵塞。

(5)制动蹄摩擦片与制动鼓间隙过小。

(6)制动蹄复位弹簧过软、折断。

(7)制动蹄在支承销上下能自由转动。

(8)轮缸皮碗胀大、活塞变形或有污物粘住。

(9)制动管凹瘪、堵塞,使回油不畅。

(10)制动液太脏,黏度太大,使回油困难。

诊断:放松制动踏板后,全部或个别车轮仍有制动作用,即表明制动发咬。行车中出现制动发咬,若各轮制动鼓均过热,表明主缸有故障。若个别制动鼓过热,则属于该轮制动器工作不良。

若故障在主缸时,应先检查制动踏板自由行程。若无自由行程,一般为主缸推杆与活塞的间隙过小或没有间隙。若自由行程正常,可拆下主缸储液室螺塞,踏抬制动踏板,观察回油情况。如不回油,为回油孔堵塞。如回油缓慢,可检查制动液是否太脏、黏度太大。如制动液清纯,则主缸皮碗、皮圈可能发胀或其复位弹簧过软,应分解主缸检查。

若故障在个别车轮制动器发咬,可架起该车轮,旋松轮缸放气螺塞,如制动液随之急速喷出且车轮即刻转动自如,说明该轮制动管路堵塞,轮缸未能回油。如转动该轮仍发咬,可检查制动蹄摩擦片与制动鼓间隙是否太小。若上述均正常,则应检查轮缸活塞以及制动蹄复位弹簧的情况。

(四)制动跑偏(单边)

现象:汽车制动时,向一边偏斜。

原因:

(1)两前轮制动鼓与摩擦片的间隙不一,两前轮摩擦片的接触面积相差太大,两前轮摩擦片的质量不同,两前轮制动鼓内径相差过多,两前轮制动蹄复位弹簧弹力不等。

(2)前轮某侧轮缸活塞与缸筒摩擦过甚,某侧前轮轮缸有空气,软管老化或轮缸皮碗不良或前轮某侧制动鼓失圆,两前轮胎气压不一致,某侧前轮摩擦片油污、水湿、硬化、铆钉外露。

(3)两前轮制动蹄支承销偏心套磨损程度不一。

(4)两后轮有上述前三条故障的。

(5)车架变形、前轴移位、前束不符合要求、转向机构松旷及两前钢板弹簧弹力不等。

诊断:检查时先通过路试制动,根据轮胎拖印查明制动效能不良的车轮予以检修。拖印短或没有拖印的车轮即为制动效能不良。可先检视该轮制动管路是否漏油,轮胎气压是否充足。若正常,可检查摩擦片与制动鼓间隙。如仍无效,可查轮缸是否渗入空气。若无空气渗入,即拆下制动鼓,按原因逐一检查制动器各部件。如也正常,说明故障不在制动系统。应检查车架或前轴的技术状况及转向机构情况。如有制动试验台检查更为方便,看哪个车轮制动力小,即为不良的车轮。

四、制动系统部件更换方法及注意事项

(一)制动液的检查与更换

制动液具有吸湿性强的特点,会逐渐吸收空气中的水分,再加上活塞与主缸的摩擦会产生微小的颗粒,长时间使用之后,这些微小的颗粒也会聚集在一起形成大颗粒杂质,所以制动液应每隔 2 年或 5 万 km 进行定期更换。

制动液具有腐蚀性,更换制动液时应注意应防止制动液粘到涂漆面、树脂件和一般橡胶件上。添加其他品牌的制动液,可能会与原车制动液产生化学反应,损坏密封件,直接影响制动的安全性能。

1. 检查

制动液储液罐位于发动机罩内制动主缸上方,制动液储液罐表面刻有"Max"和"Min"的标记,应注意检查液面高度。正常工作时,液面应始终保持在"Max"和"Min"标记之间,汽车制动摩擦片磨损而自动调节,引起制动液面略有下降是完全正常的,如图 12-34 所示。若短时间内出现制动液面显著下降或低于"Min"标记,则可能是制动系统有渗漏故障,应立即检查,故障排除后方可使用。东风雪铁龙全系轿车均配有制动液面过低报警信号灯,一旦储液罐内液面过低,自动报警,提醒驾驶人注意,如图 12-35 所示。

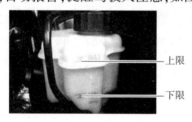

图 12-34 制动液液位检查

图 12-35 制动液液位报警灯

2. 更换

更换制动液时,应使用一汽-大众公司规定的制动液,标准为 VW 501 14。每隔 2 年应更换制动液一次,如果不到 2 年,但汽车行驶已超过 5 万 km 时,也应更换制动液。制动液有毒性和强腐蚀性,不可与油漆接触。制动液具有吸湿性,即它能吸收周围空气中的水分,因此要将它要存放在密封的容器里。

下面以 Golf A6 1.4T 车型为例进行制动液更换的介绍。

(1)制动器制动液排放。

①将制动液加注及排气装置 VAS 5234 连接在制动液储液罐上,如图 12-36 所示。

②将 V. A. G1869/2(图 12-37)装在驾驶人座椅和制动踏板之间并预紧。

③将加注软管连接在适配器接头上,如图 12-38 所示。

④使用适合的排气软管连接收集瓶,将软管固定在排气螺塞上,如图 12-39 所示,用

VAS 5519 旋松排气螺塞,启动装置,放出相应量制动液,然后拧紧螺塞,制动系统排气顺序见表 12-1。

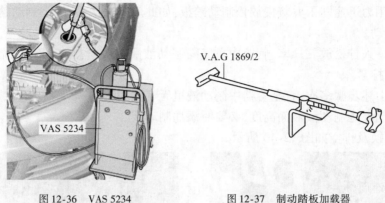

图 12-36　VAS 5234　　　　图 12-37　制动踏板加载器

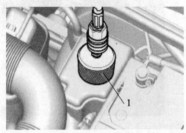
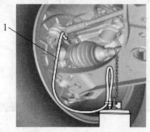

图 12-38　适配器接头　　　　图 12-39　制动液收集瓶

⑤以左前、右前、左后、右后的顺序按以上步骤进行排放。制动液的排量见表 12-1。

制动系统排气顺序　　　　　　　　　　　　　　　　表 12-1

顺序(制动轮缸、制动钳)	需要从制动轮缸或制动钳中排出的制动液的量(mL)
右后	250
左后	250
右前	250
左前	250
总量:1L	

(2)制动钳上的制动液排放完后,进行离合器工作缸的排放。
①将收集瓶的排气软管插到离合器工作缸的排气螺塞上。
②打开离合器工作缸的排气螺塞并放出约 100mL 制动液。
③关闭排气螺塞,迅速踩离合器踏板 10~15 次。
④重新打开排气螺塞,释放约 50mL 制动液。
⑤关闭排气螺塞,取下排气软管,多次踩踏离合器踏板。
(3)这样,由于泵入了新的液体,用过的制动液就被从系统中压出。
①作业完成后拧上排气螺塞盖帽。
②取下制动液储液罐的接头,拆下制动踏板加载器。检查踏板压力和制动踏板上的空行程(空行程:最大为踏板行程的 1/3)。

3. 制动系统人工排气

(1) 将一根软管一端接到放气螺塞上,一头插入排液瓶。

(2) 一人用力迅速踩下并缓慢放松制动踏板,如此反复数次后,踩下制动踏板,并保持一定高度使之不动。

(3) 另外一人拧松放气螺塞,管路中空气随制动液顺着胶管排出制动系统,排出空气后再将放气螺塞拧紧。

(4) 重复上述步骤多次,直至容器中制动液里无气泡为止。

(5) 观察储液罐制动液液面高度,必要时添加制动液。

制动液更换及排空如图 12-40 所示。

图 12-40　制动液更换及排空

4. 注意事项

(1) 应随时检查储液罐液面高度,若液面不符合规定,应加注制动液。若储液罐中制动液未满,制动液将随空气泡一并排出,储液罐中液面过低,容易使空气渗入储液罐,造成旧气未排净,新气又进入的局面。

(2) 注意各轮制动缸的排气顺序。因现在轿车基本都带有 ABS,排气顺序和不带 ABS 的有所不同,应遵循左前、右前、左后、右后的顺序。

(3) 注意排气时两个人的动作要协调。制动缸进行排气时,均需两人配合动作。一人踩下制动踏板,并踩住不动。之后,另一人开始放松制动缸放气螺塞,并将塑料管插在放气螺塞上,塑料管的另一头放于干净的容器中,然后松开放气螺塞 1/2 圈放气,再将螺塞拧紧。上述过程一般要 4~5 次。同时注意观察容器内塑料管管口,直到无气泡冒出为止。

(4) 注意不同的制动液不可混合使用。新加制动液与原制动液品牌应一致,否则会造成汽车的制动性能下降,严重时可能导致制动失效。

(5) 加注制动液时,注意防止灰尘和其他水、油滴入储液罐,否则会造成阀门堵塞或关闭不严等后果。

(6) 注意排气后需另外检查并加满制动液。排完空气后,储液罐内的制动液液面肯定会有所下降,因此,排气后需另加制动液,加到液面指示的指定位置。无液面指示器的,一般应加至加液孔口下 15~20mm 为宜。

(7) 操作完成后,需路试检验制动性能。

(二)制动盘、制动片的检查更换

1. 制动摩擦片的检查流程

(1)打开发动机罩,装挂翼子板保护垫;安装举升机支架。

(2)拆松车轮螺栓;安全举升车辆;拆卸车轮。

(3)拆下制动钳螺栓。

(4)取下制动摩擦片。

(5)清洁制动摩擦片。

(6)目视检查制动摩擦片表面。

(7)用游标卡尺测量制动摩擦片厚度。

(8)记录制动摩擦片厚度。

(9)安装制动钳螺栓。

(10)5S 管理。

2. 制动盘的检查流程

(1)清洁制动盘。

(2)目视检查制动盘表面。

(3)标出制动盘厚度测量点。

(4)用外径千分尺测量制动盘厚度,如图 12-41 所示。

(5)记录制动盘厚度数据。

(6)用百分表测量制动盘端面圆跳动量,如图 12-42 所示。

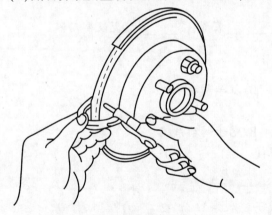
图 12-41 制动盘厚度检查

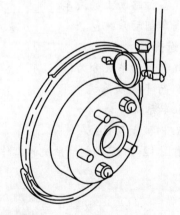
图 12-42 制动盘端面圆跳动量检查

(7)记录制动盘端面圆跳动量数据。

(8)整理、清洁量具。

(9)安装车轮;安全降落车辆;分离举升机支架;用规定力矩拧紧车轮螺母。

(10)整理、清洁工具;5S 管理。

3. 制动摩擦片、制动盘检修的注意事项

(1)严格按照维修工艺、维护手册进行安全操作。

(2)在测量前,需对游标卡尺、外径千分尺、百分表等量具进行校准。

(3)制动摩擦片厚度测量点为 3 个。

(4) Golf A6,CC为例,制动盘、制动摩擦片的标准参数,见表12-2。

标准参数　　　　　　　　　　　　　　　　　　　　　表12-2

名　　称	车　型	标准参数	磨损极限
制动盘	Golf A6 CC	前25mm、后12mm	前22mm、后10mm
制动盘端面圆跳动量			≤0.06mm
制动摩擦片		前14mm、后11mm	2mm(不计背板)

思考与练习

一、填空题

1. 制动系统是汽车上用以使_____在汽车某些部分施加一定的_____,从而对其进行一定程度的_____的一系列专门装置。为了保证汽车安全行驶,提高汽车的平均行驶车速,以提高运输生产率,在各种汽车上都设有专用_____。这样的一系列专门装置即称为_____。

2. 汽车制动系统的作用:(1)_____;(2)_____;(3)_____;(4)_____。

3. 行车制动系统:是由驾驶人用_____来操纵的,故又称_____系。它的功用是使正在行驶中的汽车_____或在最短的距离内_____。

4. 驻车制动系统:是由驾驶人用_____来操纵的,故又称_____系。它的功用是使已经停在各种路面上的汽车_____不动。

5. 汽车制动系统包含_____装置;_____装置;_____装置及制动器。

二、选择题

1. 汽车制动系统分为(　　)。
   A. 行车制动系统　　　　　　　　B. 驻车制动系统

2. 驻车系统分为(　　)。
   A. 机械制动系统　　　　　　　　B. 电子制动系统

3. 看图12-43完成制动系统的工作过程:(　)→(　)→(　)→(　)→(　)。

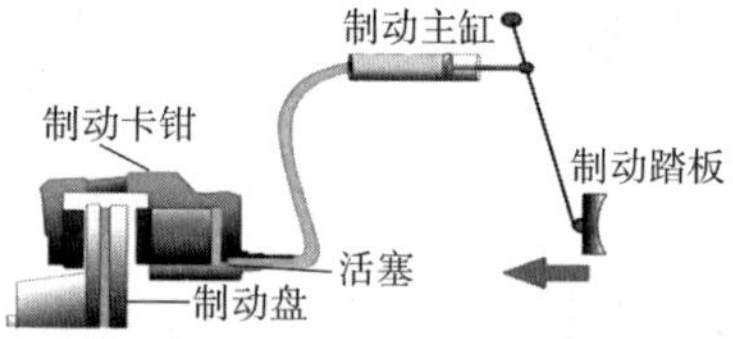

图12-43　制动系统

   A. 制动踏板　　　　　　　B. 制动轮缸　　　　　　C. 制动主缸
   D. 制动片　　　　　　　　E. 制动盘

4. 制动控制的系统有(　　)。
   A. 防抱死制动系统(ABS)　　　　B. 制动力电子分配(EBD)
   C. 紧急制动辅助系统(EBA)　　　D. 弯道制动辅助系统(CBC)
   E. 坡道起步辅助系统(ADEC)

5. 车身稳定控制系统有(　　)。
   A. 车轮防滑转系统(ASR)　　　　B. 发动机阻力矩控制系统(MSR)
   C. 动态稳定控制系统(DSC)
6. 盘式制动器的制动钳有(　　)。
   A. 固定钳式　　　　　　　　　　B. 浮动钳式
7. 鼓式制动器的部件有(　　)。
   A. 制动底板　　　　　　　　　　B. 轮缸
   C. 制动蹄　　　　　　　　　　　D. 制动鼓
8. 自增力式鼓式制动器,分为(　　)。
   A. 单向自动增力式　　　　　　　B. 双向自动增力式
9. 液压制动系统类型有(　　)。
   A. 单回路液压传动装置　　　　　B. 双回路液压传动装置
10. 液压制动系统类型管路排列有(　　)。
    A. 单回路　　　　　B. 前后分离式　　　　　C. 对角分离式

三、简答题

1. 请写出制动主缸内漏的检查方法。

2. 请写出制动发咬的现象及产生制动发咬的原因。

3. 请写出制动跑偏的现象及造成的原因。

参 考 文 献

[1] 林家让.汽车构造底盘篇[M].北京:电子工业出版社,2004.
[2] 杨维和.汽车构造[M].北京:人民交通出版社,2003.
[3] 沈云鹤.汽车发动机构造与维修[M].北京:高等教育出版社,2005.
[4] 陈家瑞.汽车构造[M].北京:机械工业出版社,2014.
[5] 王世震.汽车构造[M].北京:机械工业出版社,2004.
[6] 钱叶剑.汽车构造[M].合肥工业大学出版社,2014.
[7] 杨柏青.汽车发动机构造[M].重庆:重庆大学出版社,2009.
[8] 关文达.汽车构造[M].北京:清华大学出版社,2008.